# 마케팅
## 진짜가 나타났다

조기선 | 민진홍 공저

매일경제신문사

# PROLOGUE

물건을 파는 목적은 매출이 아니라 고객을 확보하는 것이다.

지금은 정보가 홍수처럼 넘치는 시대다. 물건이나 서비스 역시 넘치도록 많다. 이때 비즈니스에서 중요한 것 2가지.

'전달하는 능력'과 '관계를 만드는 능력'

먼저 전달하는 능력에 대해서 살펴보자.

인간은 선택사항이 너무 많으면 선택하지 못하거나 포기해버린다. 지금도 천문학적인 양의 정보가 계속 만들어지고 있고, 앞으로도 더욱 정보는 증가할 것이다. 우리가 알지 못하는 곳에서 많은 양의 정보가 지금 이 순간에도 넘치도록 만들어지고 있다.

정보가 넘쳐난다는 것은 무엇을 의미할까?

그것은 선택하는 일이 어려운 시대가 된다는 것을 말한다. 소비자들에게 선택하는 일이 어려워진다는 것. 바로 여기에서 문제가 발생한다. 선택할 권리가 있다는 것은 언뜻 좋아 보이지만 '선택할 수 있는 경우의 수가 너무 많은 상품'이라면 과연 어떻게 될까?

인간은 선택할 수 있는 경우의 수가 너무 많을 때 '선택하지 않는' 행동을 취하게 된다. 경우에 따라서 선택을 포기하기도 한다. 가령, 20가지의 컬러를 선택할 수 있는 핸드폰, 거기에 테두리의 컬러가 40가지가 있어서 조합해서 선택할 때 경우의 수는 수백 가지가 넘는다. 이때 대부분의 소비자는 선택의 수가 너무 많아서 스스로 결정하지 못하게 된다. 오히려 판매하는 직원에게 어떤 컬러의 조합이 가장 좋겠냐고 물어보거나, 판매원이 "이 컬러의 조합이 가장 보기 좋습니다"라고 추천해주는 컬러로 선택하게 될 것이다.

선택할 게 많다는 것이 꼭 좋은 것만은 아니다. 지금과 같은 정보의 홍수 시대에는 정보를 정리, 편집해서 고객에게 제공할 필요가 있다. 정보를 편집해서 정리된 정보를 제안하는 능력이 중요해진다.

넘치는 정보를 편집하기 위해서 자신의 비즈니스 이외의 분야에도 흥미를 가질 필요가 있다. 내 경우에는 애니메이션, 심리학, 영화, 인문학, 자연과학, 종교 등에 관심을 갖고 이 분야의 정보를 비즈니스에 어떻게 연결할 것인가에 대해 늘 생각한다.

영화의 대사를 카피라이팅에 적용해본다거나, 애니메이션의 시나리오를 스토리텔링 마케팅에 써본다거나, 자연과학 분야의 생존법칙을 비즈니스 전략에 비유해본다.

그래서 평소 영화를 보더라도 대사 하나하나가 예사롭게 들리지 않는다. 그때그때 스마트폰에 메모해두었다가 마케팅에 적용해본다. 전달하는 능력과 함께 넘치는 정보를 정리하기 위해서 비즈니스 이외의 분야에도 관심을 가지고 정보를 수집할 필요가 있다.

두 번째로 '관계를 만드는 능력'을 살펴보자.

"물건을 파는 목적은 매출이 아니라 고객을 확보하는 것이다."

'물건이나 서비스를 파는 이유가 무엇입니까?'라고 물어보면 대부분 매출을 올리기 위해서나 이익을 얻기 위해서라고 답한다. 대부분의 사람들은 물건이나 서비스를 판매하는 목적이 매출, 즉 이익을 얻는 것에 있다고 생각하기 때문이다. 그러나 문제는 물건을 팔고 싶어도 물건이 팔리지 않는다는 점이다.

물건이나 서비스를 파는 이유는 매출을 올리는 데 있는 것이 아니라 고객을 확보하는 것에 있다. 이 개념을 알면 당신의 비즈니스는 달라질 것이다. 잠재 고객을 확보해서 구매 고객화하고 나아가 스스로 입소문, 소개를 해주는 충성스러운 고객으로 만들어가는 로열 커스터머의 육성이 물건을 파는 목적이 되어야 한다. 우리는 고객을 확보하기 위해 물건을 판다는 사실을 기억하라.

그렇다면 어떻게 고객을 확보할 것인가?

2개의 상품을 준비하라. 모객을 위한 프런트 앤드 상품, 이익을 낼 수 있는 백 앤드 상품.

즉, 이익을 낼 수 있는 백 앤드 상품을 팔기 위해 프런트 앤드 상품을 제시하는 것이다. 설명하자면, 가령 슈퍼마켓 입구에 '계란 1판 1,000원' '크리넥스 3박스 3,500원'과 같은 초저가의 상품이 고객을 매장 안으로 불러들이기 위한 프런트 앤드 상품이다. 이것은 팔면 팔수록 손해이거나 적자일 수도 있는 상품이지만, 반드시 모객과 이어지도록 만드는 상품이다.

프런트 앤드 상품만 팔리면 매장은 적자가 나겠지만, 대부분의 고객은 백 앤드 상품까지 구매하게 된다. 나도 일전에 교보문고를 지나는데 매장 입구에 '디지털 소품 특가! 3가지 골라 담기 9,900원! 이어폰, 케이블, 셀카봉, 휴대폰 거치대 등 각종 스마트폰 액세서리 낱개 구매 불가합니다'라는 POP를 보고 들어가서 세계지도와 책까지 구매하고 나온 적이 있는데 이런 것이 바로 프런트 앤드 상품이다.

다른 예를 들자면, 만성피로를 전문으로 하는 병원에서 '돈 들이지 않고 집에서 만성피로를 퇴치하는 7가지 노하우'를 PDF로 정리해서 무료로 제공하는 것은 본 진료 상품을 팔기 위한 프런트 앤드 개념의 상품이 되는 것이다.

SNS 마케팅, 지금 전 세계적으로 유행하는 콘텐츠 마케팅 또한 콘텐츠 자체가 프런트 앤드 상품이 된다. 기업에서 발신하는 잠재 고객을 확보하기 위한 유익한 정보가 해당한다. 프런트 앤드 상품은 반드시 그 기업에서 취급하는 상품 그 자체가 아니더라도 가능하다. 마케팅이 어려운 이유는 세일즈부터 하기 때문이다. 자신이 취급하는 상품이 팔려야 이익이 나고 기업이 유지되기 때문에 물건을 팔고 싶어 하는 마음은 충분히 이해가 간다. 그러나, 물건을 팔기 전에 먼저 고객을 도와라.

이 책에서 소개하는 마케팅 성공사례의 대부분은 이렇게 먼저 고객에게 도움이 되는 정보를 먼저 주고, 고객이 고민하는 문제를 해결해줄 수 있는 정보 또는 상품, 서비스를 먼저 제공한 뒤 소통을 통해서 관계를 구축해 매출로 이어지도록 만드는 방법이다. 무엇을 살 것인가에서 누구에게 살 것인가를 중요시하는 시대다. 왜냐하면, 지금은 물건이나 서비스의 품질로 차별화하기 어려울 정도로 평준화되었기 때문이다.

품질이 같다면 기왕이면 관계가 있는 곳에서 구매하려 할 것이고 이때 중요해지는 것이 '관계'를 만드는 능력이다. 관계를 잘 만드는 사람들은 감성이 풍부하고 개성도 뚜렷하다. 무엇보다 인간성이 좋은 사람이 관계력도 좋다. 인간성이 좋다는 것은 품성이 되어 있다는 뜻이다. 품성이 되어 있는 사람은 악플을 다는 데 시간을 낭비하지 않는다. 갑질로 거래처를 괴롭히거나 하지 않는다. 타인의 저작물을 맘대로 베끼거나 하지 않는다. 타인을 비판하거나 자신의 주장만을 강요하지 않는다. 문제가 생겼을 때 타인의 탓으로 돌리지 않는 사람이다.

목소리가 크다고 이기는 시대는 벌써 지나갔다. 시대가 변했다. 지금은 품성이 되어 있고 인간성이 좋은 사람이 성공하는 시대다. 비즈니스로 성공하고 싶다면, 인간관계로 고민하는 상황을 만들고 싶지 않다면, 고객과의 굳건한 신뢰를 바탕으로 압도적인 선택을 받고 싶다면, 품성을 갖추도록 하자. 그리고 한번 맺은 인연을 소중히 하자. 사회적으로 성공한 사람, 출세한 사람들은 한결같이 만남과 인연을 소중히 여기는 것을 볼 수 있다. 혼자 잘나서 혼자의 노력으로 성과를 만드는 데는 한계가 있다. 인간은 수많은 인연으로 살아가는 존재다. 상대가 먼저 다가오기를 기다리지 말고 먼저 다가가려는 노력, 약속한 것을 지키는 노력, 남 탓하지 않는 노력을 하자.

비즈니스란 본래 즐거운 일이다. 사는 것도 즐겁고 비즈니스도 즐거워야 한다. 비즈니스가 즐겁지 않다는 것은 '관계'가 좋지 않다는 증거다. 고객과의 관계가 즐겁고 쾌적할 때, 당신의 비즈니스도 반짝반짝 빛날 것이다.

이 책에서 가장 중요하게 전달하고 싶은 2가지, 노하우나 스킬, 방법론보다 더 중요하게 전달되기를 바라는 2가지. 아무리 능력이 뛰어나도 인간성이 나쁘면 성공하기 어렵다. SNS로 세상이 연결되어 있어서 금방 탄로가 난다. 소셜 네트워크로 연결된 세상에서 즐겁고도 지속적인 성공을 위한 최신 마케팅 기법과 마인드 셋을 함께 다루는 이유다.

당신의 인생과 비즈니스가 압도적으로 빛나기를 바라며…
마케팅에 미친 여자 '마녀'

PROLOGUE

MARKETiNG

PROLOGUE

## PART 1
## 인터넷을 사용해 지속적인 매출을 올릴 수 있는
## 온라인 자동판매 시스템

1. 인터넷을 통해 지속적으로 '매출을 올리고 있는 사람' VS '그렇지 않은 사람' … 18

2. 가장 가치 있는 비즈니스의 자산은 무엇일까? … 21

3. 지금 할 수 있는 3가지 방법 … 24

4. 평생 잠재 고객 모집에 곤란함이 없기 위해서 어떻게 하면 좋은가? … 29

5. 고객의 5가지 의문을 해소하는 방법 … 33

6. 더 많이 팔기 위한 고객 팔로우 업 … 44

7. 24시간 365일 온라인 자동판매 시스템을 계속 돌린다 … 49

바보의 훈수 #1 … 54

MARKETiNG

# PART 2
# 자동 모객을 위한 랜딩페이지 구축하기

1. 잠재 고객을 모아주는 랜딩페이지란? … 62

2. 잠재 고객이 도저히 거부하기 어려운 매력적인 오퍼를 만드는 방법 … 65

3. 효과적인 랜딩페이지의 구성 6요소 … 84

4. 측정은 뛰어난 랜딩페이지를 만드는 지름길 … 89

5. 랜딩페이지 작성에서 가장 중요한 2가지 … 92

6. 모바일 랜딩페이지 대응을 우선으로 … 99

7. 랜딩페이지형 레스토랑 오픈 전단지로 1,500명 고객 확보 … 102

  바보의 훈수 #2 … 111

# MARKETING

## PART 3
## 자동으로 판매하기 위한 세일즈 페이지 구축하기

1. 지금 바로 판매로 이어지는 세일즈 페이지 … 116

2. 세일즈 카피라이팅의 정석 – PASONA … 122

3. 세일즈 동영상으로 매출을 올리는 방법 … 137

4. 스토리텔링 동영상 시나리오 … 144

5. 스토리텔링의 정석 – 신화의 법칙 … 148

6. 스토리텔링 동영상으로 주문이 쇄도하는 답례품 전문 쇼핑몰 – 김종하 과자공방(천년빵) … 157

7. 헤드라인을 쉽게 작성하는 363가지 패턴 … 162

8. 소제목을 쉽게 작성하는 262가지 패턴 … 187

　　바보의 훈수 #3 … 206

## MARKETiNG

## PART 4
## 자동판매의 핵심 - 스텝메일

1. 스텝메일이란? ⋯ 218

2. 스텝메일 시나리오 작성 시 많은 사람이 범하는 잘못 ⋯ 222

3. 스텝메일 시나리오 작성 방법 ⋯ 225

4. 매출을 10배 상승시키는 마법의 스텝메일 템플릿 ⋯ 229

5. 스텝메일 시나리오를 생각할 때 중요한 점 ⋯ 237

6. 스텝메일 1일, 2일, 3일 차 시나리오 ⋯ 244

바보의 훈수 #4 ⋯ 256

MARKETiNG

## PART 5
### 지속적인 성공을 위한 마인드 셋

1. 지속적인 성공을 위한 마인드 셋 … 262

2. 생각의 법칙 … 268

   바보의 훈수 #5 … 275

3. 파동의 법칙 … 277

   바보의 훈수 #6 … 282

4. 이면성의 법칙 … 284

   바보의 훈수 #7 … 292

5. 뒤처짐의 법칙 … 294

   바보의 훈수 #8 … 302

6. 밸런스의 법칙 … 303

   바보의 훈수 #9 … 310

7. 인과의 법칙 … 312

   바보의 훈수 #10 … 325

## MARKETING

**부록**
**자동판매를 완성하는 템플릿 모음**

- 예상 고객 어프로치용 템플릿 … 328
  - No 1. 신제품 릴리스용 템플릿 … 328
  - No 2. 가격 인상 안내 메일 템플릿 … 331

- 상품 구매자용 템플릿 … 334
  - No 3. 상품 구입 후 템플릿 … 334
  - No 4. 상품 발송 완료 시 템플릿 … 336
  - No 5. 상품은 잘 도착했는지 안내용 템플릿 … 338
  - No 6. 업 세일용 템플릿 … 340

- 이벤트용 템플릿 … 342
  - No 7. 만우절 템플릿 … 342
  - No 8. 밸런타인데이 템플릿 … 345
  - No 9. 새해 템플릿 … 347
  - No 10. 생일 템플릿 … 349
  - No 11. 어버이날 템플릿 … 352
  - No 12. 연말 세일 템플릿 … 354

EPILOGUE … 356

# PART 1

## 인터넷을 사용해 지속적인 매출을 올릴 수 있는 온라인 자동판매 시스템

## MARKETING

### "인터넷을 통해
### 지속적인 매출을 올리고 있는 사람"
### VS
### "그렇지 않은 사람"

지금 이 글을 읽고 계시는 분은 아마도 평상시의 영업 활동을 통해 제품이나 서비스를 판매하는 업무를 하고 있을 텐데, 그렇다면 질문 하나 해보겠습니다. 세상에는 지금 당신과 같은 사업을 하고 있으면서, 인터넷을 통해 지속적인 매출을 올리고 있는 사람과 그렇지 않은 사람이 있습니다.

그럼, 그 '차이'가 무엇인지 당신은 생각해본 적이 있습니까?

사실 놀랍게도 대답은 간단합니다. 대다수가 잘 모르는 것 같은데 크게 2가지밖에 없습니다. 핵심은 'ㅇㅇ을 하고 있는가!'입니다. 인터넷을 통해 지속적인 매출을 올리고 있는 사람과 그렇지 않은 사람과의 '차이'입니다.

지금 당신이 '인터넷을 통해 지속적으로 매출을 올리고 있는 사람'이라면, 이 2가지가 되어 있는 것이고, 반대로 '그렇지 않은 사람'이라면, 이 2가지를 못하고 있는 것입니다.

지금부터가 중요합니다. 만약 지금 당신이 '그렇지 않은 사람'이라면 행운입니다. 이 책에서 소개되는 노하우를 통해 당신은 '인터넷을 통해 지속적으로 매출을 올리고 있는 사람'으로 변화할 수 있기 때문입니다.

그렇다면, 인터넷을 통해 지속적으로 매출을 올리고 있는 사람이 하는 2가지란 도대체 무엇일까요? 최신 마케팅 기법이나 컴퓨터 기술을 숙지하고 있는 것일까요?

그렇지 않습니다. 사실, 연간 수억 원의 매출을 인터넷을 통해 올리고 있는 사람 중에는 홈페이지도 스스로 만들 수 없으며 심지어는 페이스북도 하고 있지 않은 사람도 많습니다. 그런데도 연간 수억 원 정도의 매출을 인터넷에서 올리고 있습니다.

그럼 그들은 무엇을 하고 있을까요?

2가지입니다.
① **"잠재 고객의 리스트를 모으고 있다."**
② **"모은 리스트의 가치를 극대화하고 있다."**

그렇습니다. 그들이 하는 일은 오직 이 2가지 일입니다. 그렇다면 당신도 그와 똑같은 일을 하면 됩니다. 그러면 당신도 인터넷을 통해 지속적으로 매출을 올릴 수 있게 되는 것입니다.

## MARKETING

## 가장 가치 있는 비즈니스의
## 자산은 무엇일까?

당신이 앞으로 수십 년 동안 소유할 수 있는 가장 가치 있는 비즈니스의 '자산'은 무엇일까요?

답은 'ㅇㅇㅇㅇㅇ'입니다.

지금 이 순간, 당신에게 잠재 고객의 이메일 목록이 500건이 있다면 무엇을 하시겠습니까? 저 같으면, '세미나 마케팅'을 전개해보겠습니다. 아마 이 글을 읽는 분 중에서도 '세미나 마케팅'을 평소의 영업 활동으로 사용하고 있는 분, 또는 향후 사용하려고 생각하는 분들이 많이 계실 것입니다.

'세미나 마케팅'은 매우 강력한 영업 방법입니다. '세미나 마케팅'이라면 한번에 대량의 잠재 고객을 유치하고, 높은 확률로 영업을 실현하는 일이 가능하기 때문입니다.

세미나 마케팅의 장점을 들어보겠습니다.

- 참가자와 신뢰 관계를 쉽게 구축할 수 있다.
- 참가자 전원이 밀도가 높은 잠재 고객이 될 수 있다.
- 팔지 않고 오히려 반대로 "부탁합니다"라는 말을 들으며 판매할 수 있다.
- 매회 같은 세미나의 반복만으로도 매출로 연결시킬 수 있다.
- 영업을 '시스템화'할 수 있다.

이렇게 메리트가 많은 '세미나 마케팅'을 알면서도 막상 세미나 마케팅을 개최하려고 했을 때 우선 가장 먼저 직면하는 것이 '모객'의 문제입니다. 세미나에 참가할 사람을 어떻게 모으는가? 수중에 리스트가 없다면 모객은 어려운 일입니다.

한편, 이미 당신의 수중에 메일 리스트가 있고 평소 메일 매거진 등으로 정기적으로 커뮤니케이션하는 상태라면, 세미나는 메일을 발송하는 것만으로 모객이 가능합니다.

신상품이나 새로운 서비스의 안내도 같습니다. 게다가 가장 큰 메리트는 비용이 거의 들지 않는다는 것입니다. 메일 리스트가 500건에서 1,000건으로 증가해도, 메일 발송 횟수가 늘어나도 비용은 변하지 않습니다. 메일 리스트의 수가 증가하면, 그리고 그 리스트에 대한 접촉 빈도가 늘어나면 매출도 비례해서 올라갑니다. 그러나 비용은 비례하지 않습니다.

이것이 가치 있는 '자산'이 아니고 무엇이겠습니까! 우편 DM이나 FAX 등의 오프라인 매체에서는 생각할 수 없는 일이죠. 메일 이외의 미디어는 리스트의 수와 접촉 횟수에 비례해서 비용도 증가하기 때문입니다. 따라서 메일 리스트를 모으는 것이 유리합니다.

그럼 언제부터 메일 리스트 모집을 시작할 것인가?

바로 지금입니다. 일반적으로 사업을 하는 경우, 이미 어느 정도의 메일 리스트는 있을 것입니다. 예를 들어, 책상 위에 놓여 있는 명함 폴더. 거기에는 메일 주소가 기재되어 있습니다. 기존 고객으로부터 이메일 주소를 입수하는 경우도 있을 것입니다. 우선 그것을 엑셀 등으로 리스트화하는 것부터 시작해봅시다. 그렇다면 지금 바로 할 수 있겠지요!

## MARKETiNG

# 지금 할 수 있는
# 3가지 방법

지금부터 단계별로 '인터넷을 통해 지속적으로 매출을 올리는 방법'에 대해 알려드리겠습니다. 그 전에 소개하고 싶은 3가지 방법이 있습니다. 이미 수중에 있는 메일 리스트를 활성화하는 것부터 시작합니다.

혹시 누구나 이런 경험 한 번쯤은 있지 않으신가요? 어떤 모임이나 교류회에 참가해서 몇 명의 참가자들과 명함 교환을 했는데, 그중 한 분이 외국계 생명보험 영업사원이었고, 며칠이 지나 "한번 만나 보험 이야기라도 하자!"라고 전화를 걸어오는 경험. 거절해도 "한번 가볍게 이야기만이라도" 하자는 식이죠.

명함 교환만 했을 뿐인데, 상대가 일방적으로 전화를 걸어서 보험 영업을 한다면 계약이 이루어질까요? 아마도 어쩌면 만남 자체를 거부할지도 모릅니다. 그런데 왜 이런 효과적이지 못한 방법을 취하는 것일까요?

대답은 하나. 그 방법밖에 모르기 때문입니다. 아마 영업을 하는 당사자도 하기 싫을 것입니다.

만약 내가 보험 회사 직원이었다고 하면 어떻게 할까? 누구든 거절당하는 것은 싫은 일입니다. 그래서 거절당하지 않는 방법을 필사적으로 생각합니다. 저라면 이렇게 하겠습니다.

### 단계 1. 잠재 고객에게 도움이 되는 유익한 콘텐츠를 만든다.

당신이라면 어떤 세일즈맨으로부터 상품이나 서비스를 사고 싶을까요? 누구라도 자신에게 도움이 되는 세일즈맨에게 사고 싶을 것입니다. '도움이 된다'는 것은 잠재 고객의 고민과 문제를 해결해 주는 것입니다. 그렇다면 할 일은 정해져 있습니다.

당신이 도움을 줄 수 있는 존재임을 잠재 고객에게 널리 알리는 것부터 시작합니다.

하지만 어떻게?

먼저, 잠재 고객에게 도움이 되는 유익한 콘텐츠를 만듭니다. 구체적으로 잠재 고객이 흥미와 관심을 가진 주제로 리포트를 작성합니다.

## 단계 2. 잠재 고객에게 제공(제안)한다.

　다음은 이 업종 교류회에 참가해 명함을 교환한 상대에게 인사 메일을 보냅니다. 그때, 자연스럽게 리포트를 안내합니다. 인사 메일은 한번 만들어 템플릿으로 구성해두면 나중에는 이름만 바꿔 넣으면 되므로 계속해서 사용할 수 있습니다.

　메일은 이런 느낌입니다.

　○○ 님
　(인사 문구 : 명함 교환을 한 감사 등)


　○○ 님께 도움이 되는 정보 안내입니다.
　'간단한 절차만으로 은퇴 이후 연금을 늘리는 4가지 방법'이라는 소책자를 배포하고 있습니다.
　사실 저는 명함 교환을 해주신 분에게 자기소개의 대안으로, '간단한 절차만으로 은퇴 이후 연금을 늘리는 4가지 방법'이라는 소책자를 보내드리고 있습니다.
　이 책자는 간단한 절차만으로 은퇴 이후 노령 연금을 늘리는 4가지 방법을 소개한 것입니다. 물론, 지금까지의 연금 가입 상황에 따라 연금액수의 증가 폭은 달라집니다.

따라서 "얼마 증가합니다"라고 단언할 수는 없지만, 간단한 절차만으로 남편은 1,000만 원, 부인은 1,500만 원 정도의 연금을 늘릴 방법에 관해 쓴 것입니다.

또한, 이 방법은 세금 절약과 직결되기 때문에, 경제 효과는 2배로 유익하다고 하겠습니다. 만일 흥미가 있으시면 아래에서 다운로드해보시기 바랍니다.

이름과 이메일 주소를 입력하시면 즉시 받아보실 수 있습니다.
http://www.*******

△△생명 보험 회사

홍 길 동

추신 : 물론 무료입니다. 절대, 영업 등 세일즈를 하지 않으니 안심하고 신청하셔도 됩니다.

지금까지 저와 인연이 있으신 분들에게 유용한 정보를 보내드리고 있습니다. 만일 이러한 메일이 불필요하시다면, 지금 바로 발송을 중지하겠습니다.

아래 URL에서 해제를 부탁합니다.

【등록 취소 URL】

### 단계 3. 이를 계기로 정기적인 팔로우 업을 지속한다.

그리고 상대의 반응을 기다립니다. 반응이 있으면 그 상대에게 스텝메일 등을 보내 세일즈로 연결해가는 것입니다.

팔로우 업에 의해 상대를 상품과 서비스에 '관심'을 갖게 하는 것입니다.

명함을 교환한 상대나 기존 고객에게 지속적으로 메일을 보내는 것은 당신이 해야 할 일입니다. 메일은 의사소통의 수단이죠. 명함 교환을 한 상대에게 갑자기 "제 이야기를 들어주세요"라고 전화하는 것보다 이 방법이 상대에게는 물론, 당신에게도 도움이 되는 것은 아닐까요.

거절당하는 것이 당연하다고 생각하는 것보다 거절당하지 않는 방법을 생각하는 것이 훨씬 더 건설적이고, 거절당해도 상처가 남지 않는 방법을 취하는 것이 정신 건강에도 좋습니다. 또한, 보험 세일즈맨의 사례가 아니더라도, 대부분은 명함 교환 후 그대로 끝나는 경우가 많습니다.

메일 내용만 작성해놓으면 누구를 만나도 같은 작업을 반복하면 되기에 어려운 것은 없습니다. 메일 발송의 경우 비용도 들지 않습니다. 단점은 없습니다.

하느냐, 하지 않느냐의 문제일 뿐! 지금 바로 실천해보면 어떨까요?

## MARKETING

### 평생 잠재 고객 모집에 곤란함이 없기 위해서 어떻게 하면 좋은가?

세일즈맨이 가장 효율적으로 매출을 올리기 위해서는 '시스템'을 만들 필요가 있습니다. 여기서 말하는 '시스템'은 '모객'과 '판매'를 구별해서, 영업 효율성을 비약적으로 향상시켜 판매하는 시나리오입니다.

다음 3가지 단계를 만들고, 그것을 계속 순환시키면 되는 매우 간단한 구조입니다.

1단계 〈모객〉 → 2단계 〈판매〉 → 3단계 〈팔로우 업〉

이 '구조'가 있는지 없는지, 만들 수 있는지 없는지, 효율적으로 돌릴 수 있는지 없는지, 그것이 평생 잠재 고객 모집에 곤란하지 않기 위한 '해답'입니다. 아시겠지요!

이것이 마케팅의 '본질'입니다. 지금 사업이 잘되지 않는다는 것은 '본질'이 잘 작동하지 않는다는 증거입니다.

각 단계에 대한 추가 설명입니다.

**1단계는 잠재 고객을 모으는 '모객'입니다.**

모든 사업은 '모객'에서 시작합니다. 우선 당신의 제품이나 서비스를 '지금 바로 사줄 것 같은 사람'과 '머지않아 사줄 것 같은 사람', 이 양쪽을 모으는 것입니다.

그 사람들(잠재 고객)을 '리스트화'합니다. 이것이 비즈니스의 첫걸음입니다. 잠재 고객의 개인 정보를 리스트화하는 것입니다.

**성명 (법인명), 주소, 연락처 (전화 · FAX · 메일), 담당자 이름 등**

다음 단계인 '세일즈'로 연결하기 위해 언제든지 당신이 잠재 고객과 연락하는 상태를 유지하는 것이 '리스트화'의 목적입니다. 결국, 잠재 고객 리스트 수가 매출을 결정하기 때문에, 리스트 수는 많으면 많을수록 좋습니다. 문제는 "어떻게 하면 더 많은 잠재 고객을 모을 수 있겠는가?"입니다.

요점은 하나, **상품이나 서비스가 아니라 상품이나 서비스로 해결 가능한 잠재 고객의 고민과 문제에 초점을 맞출 것!**

"사장님, 보험을 검토해보시지 않겠습니까?"

"사장님, 최근 변경된 직원 채용 법률을 검토해보지 않겠습니까?"

이 2가지 접근 방식을 비교해보면 이해가 쉬울 것으로 생각합니다.

"보험을 검토해보시지 않겠습니까?"는 상품을 어필하는 것이고, "직원 채용 법률을 검토 해야 하는가?"는 지금 고객이 안고 있는 고민과 문제를 해결하는 것입니다.

이 차이를 이해하지 못하면 모객을 제대로 할 수 없습니다. 잠재 고객이 원하지 않는 상품을 팔려고 해도 팔리지 않겠죠.

잠재 고객이 원하는 것은 당신의 상품이 아니라 "어떻게 자신의 문제나 고민을 해결할 수 있는지?"에 대한 '답변'입니다. 누구라도 그 '답변'에 대해서는 기꺼이 비용을 지불합니다.

잠재 고객이 안고 있는 고민이나 문제를 모른다고요?

그래서 리서치가 필요합니다. 잠재 고객이 안고 있는 고민과 문제를 모르는 것은 연구 부족이라는 뜻입니다.

예를 들어, 당신이 보험 세일즈맨이라고 합시다. 세미나 영업을 통해 예상 고객을 모으려고 생각했습니다. 타이틀은 '회사를 지키는 생명보험 가입방법'입니다.

그런데, 이 세미나 제목으로 정말 참가자가 모일까요? 불행히도 참가자는 '0명'일 것입니다. 그러면 참가자가 알고 싶은 것, 해결하고 싶은 것을 어디서 어떻게 조사하면 좋을까요? 빠른 방법 3가지를 알려드리겠습니다.

### 방법1 서점에 간다.

서점에는 당신의 서비스나 상품과 관련된 주제로 팔리고 있는 책이나 잡지가 있을 것입니다. 팔리고 있다면 수요가 있다는 증거입니다.

### 방법2 인터넷에서 검색한다.

인터넷에는 고민을 해결하는 사이트가 많이 있습니다. 우선 사이트에 접속합니다. 그리고 당신의 상품이나 서비스에 관련된 질문 게시물을 체크합니다. 그러면 소비자들이 알고 싶은 것, 해결하고 싶은 것을 알 수 있습니다.

### 방법3 고객의 목소리에 귀를 기울인다.

제 메일함에는 하루에도 수십 개의 상담 메일이 들어옵니다. 홈페이지 게시판에도 상담 문의가 올라오는데 거기에서 힌트를 얻습니다. 고민과 문제를 안고 있는 사람이 한 분 있다면, 그 배경에는 같은 고민과 문제를 안고 있는 사람이 반드시 있습니다. 메일이나 전화로 고객의 고민과 문제를 물어보십시오. 반드시 좋은 힌트를 얻을 것입니다.

**MARKETING**

# 고객의 5가지 의문을
# 해소하는 방법

　당신이라면 어떤 상황에 '구매'하고 싶을까요? 대부분의 잠재고객이 구매하기 전에 생각하는 것은 다음의 5가지로 요약됩니다. 우리는 이 5가지의 의문을 해소해나갈 필요가 있습니다.

- 왜 내가 사야 하는가?
- 왜 당신에게 사야 하는가?
- 왜 이 상품 (서비스)인가?
- 왜 그 가격인가?
- 왜 지금인가?

지금부터 자세하게 설명해보겠습니다.

### 1. 왜 내가 사야 하는가?

"누구라도 좋으니 구매해주세요!"라는 식으로는 아무도 사주지 않을 것입니다. 타깃을 명확히 하고 '잠재 고객이 안고 있는 문제와 고민'이 명확해야 합니다. 여기서 타깃팅에 대해 언급하고 싶습니다. 당신의 판매 메시지를 적절한 상대에게 전달하기 위해서도 대상을 구체화하는 과정은 중요합니다.

그러면 다음과 같은 질문을 받습니다.

"그럼, 어떤 타깃을 노려야 합니까?"

솔직히 이런 질문을 하시는 분은 사업을 크게 오해하는 경우가 많습니다. 타깃을 좁히는 것뿐이라면 누구라도 쉽게 결정할 수 있습니다.

"좋아, 내일부터 ○○업계를 대상으로 하자!"라고 선언하고 접근하면 되기 때문입니다.

이것은 판매자 혼자의 생각입니다. 당연한 이야기지만, 고객과 서로 생각이 맞지 않으면 판매자의 목적은 달성할 수 없습니다. 판매자가 일방적으로 고객을 쫓아가면, 그것은 스토커와 같은 것입니다.

판매하기 위해서는 고객으로부터 선택받지 않으면 안 됩니다. 그런데 앞의 질문을 하시는 분들은 대부분 고객으로부터 선택받기 위한 노력을 게을리하고 있는 분이 많습니다.

판매자에게는 전문·특화하는 노력이 필요합니다. 전문·특화하는 것으로 고객이 '가치'를 인정해주는 것이고, 고객으로부터 선택받게 되는 것입니다. 생각해보면 지극히 당연한 이론입니다. 전문·특화하려면 판매자로서 끊임없이 노력해야 합니다. 그런 노력 없이 손쉽게 성과만을 기대하는 것은 안 됩니다.

저 역시 타깃을 좁히고 있습니다. 고객으로부터 선택받기 위해서입니다. 예를 들어, '영어학원'을 목표로 하겠다고 결정한다면 다음의 노력을 합니다.

- 전문서적을 읽는다.
- 인터넷으로 정보를 수집한다.
- 세미나에 참가한다.
- 메일 매거진을 가입한다.
- 직접 이야기를 듣는다.
- 블로그를 읽는다.

이런 식으로 학원에 관한 공부를 합니다. 그 덕분에 '영어학원장은 무엇을 고민하고 있는가?'를 알게 되고 이것은 비즈니스에 매우 도움이 되고 있습니다.

영어학원장의 고민과 문제를 알게 됨으로써 이를 해결하기 위한 힌트를 얻어 효과적인 모객을 할 수 있기 때문입니다.

반면에 "그럼 어떤 타깃이 기회입니까?"라는 질문을 하시는 분은 이런 리서치를 하지 않는 분이 많습니다.

타깃을 좁혀 그 타깃에 대해 연구하는 것은 마음만 먹으면 당신도 할 수 있습니다. 타깃팅 하는 것은 중요합니다. 좁히면 고객이 선택됩니다. 그러므로 타깃은 계속 구체화하십시오.

하지만 더 중요한 것은 "자신은 누구의 어떤 고민과 문제를 해결할 수 있을까?"라는 대답을 이끌어내기 위해 날마다 노력을 계속하는 것입니다. 그 노력은 당신도 쉽게 할 수 있습니다. 사실 위의 6가지는 오늘부터 당장 할 수 있습니다.

반드시 구체적인 성과가 나올 것입니다. 그럼 다시 본론으로 돌아가봅시다.

## 2. 왜 당신에게 사야 하는가?

방금 전의 타겟팅과 관련된 것입니다. 즉, 잠재 고객이 당신에게서 상품(서비스)을 구매하는 이유입니다. "저는 상품(서비스)에 대해 잘 모르고 공부도 하지 않았습니다. 그렇지만 생계를 위해 돈이 필요하니 어쨌든 사주세요!"라는 식으로는 안 됩니다.

한편, "이 상품(서비스)을 이용하면 당신의 ○○○○한 고민은 해결됩니다. 이 상품(서비스)에 대해서는 누구보다도 제가 가장 많이 알고 있습니다!"라면 어떨까요? 당신에게서 사야 하는 이유가 충분하겠지요.

### 3. 왜 이 상품 (서비스)인가?

왜 다른 상품도 많이 있는데 이 상품인 거죠?

즉, 당신이 잠재 고객에게 그 상품을 권유할 수 있는 '이유'입니다. "왜 이 상품(서비스)인가?"에 대한 잠재 고객이 납득할 수 있는 '이유'를 찾아서 제공하지 않으면 그 상품 (서비스)이 팔리지 않을 것입니다. 그 '이유'를 100% 제시하지 않으면 안 됩니다.

### 4. 왜 이 가격인가?

잠재 고객이 가격에 납득할 수 있는 '이유'입니다. 누구라도 손해를 보고 싶어 하지 않습니다. 당신의 상품(서비스) 이 비싸다면 "왜 고가인지?"를 전해야 합니다.

비싼 것인지, 싼 것인지의 판단 기준은 잠재 고객에게는 없습니다.

　잠재 고객이 납득할 수 있는 '이유'를 전하지 않는다면, 상품(서비스)의 가격은 단순한 숫자에 불과합니다. 따라서, "왜 이 가격인지?"를 잠재 고객에게 설명해야 합니다.

### 5. 왜 지금인가?

　잠재 고객이 지금 당장 행동해야 할 '이유'입니다.

　"언제든지 구입할 수 있습니다!"라는 식이면 "예, 알겠습니다"로 끝나버립니다.

　그리고 시간이 지나면, 잠재 고객은 그 제품(서비스)을 잊어버리거나 다른 제품(서비스)을 구매하는 것입니다. 따라서 "지금 당장 행동하지 않으면 어떤 결과가 나오는지?"를 제대로 잠재 고객에게 전달해야 합니다.

　긴급성이 느껴지지 않으면 욕망은 희미해집니다.

　이상, '잠재 고객이 안고 있는 5가지 질문'에 대해 알아보았습니다. 예를 들어, 보험료 부담으로 고민하는 경영자가 있다고 합시다. 반면에, 당신은 생명보험을 활용해 보험료를 줄이는 방법을 알고 있습니다. 우연히 그 경영자와 당신은 아는 사이가 되었습니다. 그때, 당신은 어떻게 하겠습니까?

이미 **'1. 내가 왜 사야 하는가?'** 는 명확하게 되어 있는 상태입니다. 그렇게 되면, 세일즈해야 할 나머지 4가지의 의문을 하나씩 해결해나가면 되는 것입니다.

우선 **'2. 왜 당신에게 사야 하는가?'** 에 대한 답변을 준비합니다. 이를 위해 자신이 누구이고 무엇을 하고 있고 무엇을 할 수 있는지 자기소개부터 시작해야겠죠. 그다음은 "사장님, 실은 법인과 개인지출 비용을 10원 한 푼 늘리지 않고, 보험료만 크게 줄일 방법이 있습니다. 그 방법에 관심이 있습니까?"라고 물어보면 될 것입니다. "그게 뭐죠? 자세하게 알려주세요"라는 반응을 보일 때 "괜찮으시다면 자세하게 설명하겠습니다".

**3. '왜 이 상품(서비스)인가?'** 의 답변을 준비합니다. "현재 보험료의 구조가 이렇게 되어 있고, 그래서 여기를 이렇게 하면 보험료를 절감할 수 있습니다. 예를 들어, "이 정도의 플랜이라면, 이 정도의 보험료 절감 효과가 있습니다"라고 설명하는 것입니다.

그러면 사장이 "그렇군요. 그럼 저의 경우는 얼마나 절감되나요?"가 되면,

**4. '왜 이 가격인가?', 5. '왜 지금인가?'** 에 대한 답변을 준비합니다. 아주 자연스러운 흐름입니다.

자, 이제부터가 중요합니다. 여기까지의 단계를 정리하면 이렇게 됩니다.

### 1단계 〈모객〉 → 2단계 〈세일즈〉 이후에는 어떻게???
### → 미계약 또는 계약 →

세일즈를 하면 결과는 '계약'과 '미계약'으로 나옵니다. 다음의 구조가 있는지에 따라 실은 매출이 크게 좌우됩니다.

'계약'을 하면 잠재 고객은 '고객'으로 바뀝니다. '고객'으로 바뀌면 이번에는 고객에게 더 구매해달라고 해서 매출을 극대화할 수 있습니다.

한편 '미계약'이라도 그것은 어디까지나 이번 판매에 대한 답이 'No'였을지도 모릅니다. 지속적으로 접촉을 취하면, 잠재 고객에서 '구매 고객'으로 바뀔 가능성이 남아 있습니다.

이렇듯 판매 이후에도 큰 매출이 숨겨져 있습니다. 하지만 대부분의 세일즈맨은 눈에 보이는 판매 결과에만 일희일비하고, '이후 어떻게?'에 대해서는 무관심합니다.

그럼, '어떻게 하면 좋은 것인지?'에 대답은 간단합니다. '이후에 어떻게?'의 구조를 가지고 있는 것입니다. 바로 3단계 '팔로우업'입니다.

**MARKETING**

# 더 많이 팔기 위한 고객 팔로우 업

팔로우 업은 당신의 제품이나 서비스를 구매한 '고객'에 대해 또는 세일즈를 했지만 구입해주지 않았던 '잠재 고객'에 대해 실시해 나갑니다. 각각 어떻게 팔로우 업을 하면 좋을까요?

### 단계 1. '모객'

당신은 '제품이나 서비스를 통해 잠저 고객의 문제를 해결해주는 것'에 초점을 맞춰 모객을 했습니다.

### 단계 2. '세일즈'

잠재 고객이 구매하기 전에 생각하는 5가지 의문을 보기 좋게 해결해 영업을 성공시켰습니다.

그러나 그것은 어디까지나 하나의 주제이기 때문에, 고객이 안고 있는 문제와 고민이 모두 해소된 것은 아닙니다. 그렇다면 다음에 무엇을 해야 할까요?

고객이 안고 있는 새로운 문제나 고민을 또, 해결해주는 것입니다. 예를 들면, 조금 전의 경우입니다. 보험료 부담으로 고민하는 경영자의 문제를 당신이 해결해주었습니다. 그러나 경영자의 고민과 문제는 끝이 없습니다. 어쩌면 이번에는 세금 대책으로 고민하고 있을지도 모르고, 사업 승계로 고민하고 있을지도 모릅니다. 그럴 때 당신이 '조언자'로서 신뢰받을 수 있다면, 이번에는 또 다른 테마로 제안할 수 있습니다.

**그 고민에 대해서 당신이 해결할 수 있다는 것을 고객은 어떻게 하면 알 수가 있을까요?**

그것이 팔로우 업입니다. 다음은 '잠재 고객'에 대해서입니다.

1단계 '모객'으로 당신은 '제품이나 서비스를 통해서 해결할 수 있는 잠재 고객의 문제'에 초점을 맞춤으로써 모객에 성공했지만, 불행히도 2단계 '영업' 단계에서 계약에 이르지 않았습니다.

그러나 그것은 어디까지나 '그때'라는 한정 조건부의 'NO'였을지도 모릅니다.

타이밍이 안 좋았거나, 신중한 고객의 성향 때문이거나 '아직 여러분의 상품(서비스)을 잘 모르기 때문'일 수도 있습니다. 그렇다면, 다음에 무엇을 하면 좋을지 정해져 있습니다.

팔로우 업을 하는 것입니다.

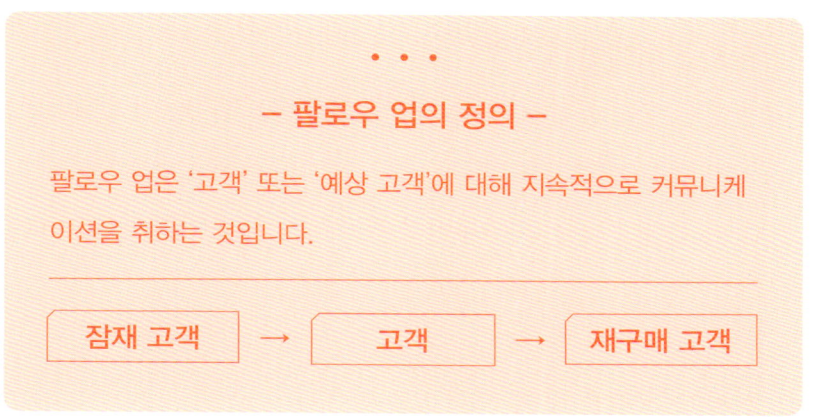

당연한 이야기지만, 비즈니스 세계에서는 "언제 사줄 거야?", "지금 빨리!"라고 아무리 세일즈맨이 밀어붙여도 고객과 잠재 고객이 그대로 행동해주는 것이 아닙니다. 전적으로 고객 및 잠재 고객의 결정 사항이기 때문입니다. 그러면, 그 사정을 우리 세일즈맨은 어떻게 파악하면 좋을까요?

대답은 간단합니다. 한 번에 끝맺음하는 것이 아니라 반복해서 고객 및 잠재 고객에게 판매 메시지를 발신하는 것입니다.

이렇게 하고 있으면, 고객 및 잠재 고객이 '구매 시점'을 결정해 줍니다. 그래서 세일즈맨은 고객과 잠재 고객의 '구매 시점'에 따라 세일즈 구조를 가지는 것이 중요합니다.

구체적으로는 다음과 같은 매체를 통해 판매 메시지를 전달하는 구조를 만들어두는 것입니다.

### 문자 / 이메일

팔로우 업을 위해 고객 및 잠재 고객에게 반복적으로 판매 메시지를 전달한다는 이론은 알았습니다. 하지만 여기서 주의하지 않으면 안 되는 것이 있습니다. 무작정 팔로우 업을 위한 세일즈 메시지를 발신하면 당신의 목표는 달성할 수 없습니다.

즉,

- 잠재 고객을 구매 고객으로 만든다.
- 구매 고객을 재구매 고객으로 만든다.

1단계 '모객'을 기억하십시오.

여기에서는 상품이나 서비스가 아니라, 상품 및 서비스를 해결할 수 있는 잠재 고객의 문제와 고민에 초점을 맞추는 것이 포인트였습니다.

다음 2단계 '세일즈'는 잠재 고객이 구매 전에 생각하는 5가지 의문을 해소하는 것이 포인트라고 설명했습니다.

3단계 '팔로우 업'의 착안점은 바로 여기에 있습니다. 즉, 팔로우 업으로 보낼 세일즈 메시지는 이렇습니다.

상품이나 서비스가 해결할 수 있는 잠재 고객의 문제나 고민에 초점을 맞춰 잠재 고객이 생각하고 있는 구입 이전의 5가지 의문을 해소합니다.

바꿔 말하면,

**당신이 전하고 싶은 것이 아니라, (×)**

**잠재 고객이 알고 싶은 것을 전한다. (○)**

이런 세일즈 메시지가 아니면 안 되는 것입니다. 예를 들어, 보험료 부담으로 고민하는 경영자의 경우입니다. 이 경영자가 실제로 보험료를 절감해서 그 부담을 가볍게 하기까지는

- 원래 사회 보험료의 구조는 어떻게 되어 있는가?
- 어떻게 하면 사회 보험료를 줄일 수 있을까?
- 누구와 상담하면 좋은 것인지?
- 비용은 얼마인가?
- 절차는 복잡하지 않은가?
- 줄임으로써 단점은 없는가?
- 구체적으로 얼마나 절감할 수 있는지?

등등, 경영자의 머릿속은 의문투성이일 것입니다. 그래서 이 의문에 대해 DM이나 팩스, 이메일, 카카오톡 등으로 답변해주는 것

입니다. 이것이 팔로우 업의 올바른 방법입니다.

예를 들어, '원래 사회 보험료의 구조는 어떻게 되어 있는가?'에 대해서는 "사회보험의 구조는 이렇게 되어 있고, 경영자의 경우 삭감 대책을 하지 않으면 이런 단점이 있습니다"라고 말해주면, 그 경영자는 문제점을 인식하면서 의문점을 해소할 수 있습니다.

또 '어떻게 하면 사회 보험료를 줄일 수 있을까?'에 대해서는 "사실 사회 보험료 산정 기초가 되는 것에서 빠질 수 있습니다. ○○을 사용하면 지금의 보상 액면가를 바꾸지 않고 사회 보험료만 절감할 수 있어요"라고 말해주면, 긍정적으로 검토하게 될지도 모릅니다.

그렇게 하나씩 경영자의 의문점을 해결해주는 것입니다. 세일즈 메시지 전송 횟수는 많아질지도 모르지만, 그것이 자신의 고민과 문제를 해결하는 데 도움이 되는 정보라면 잠재 고객은 당연히 받을 것입니다.

게다가 잠재 고객의 의문점을 해소해갈 때 욕구도 높아지고, 그런 유용한 정보를 가르쳐준 당신에 대한 신뢰감도 높아지고 있습니다. 이 상태에서 판매를 고려하십시오.

잠재 고객은 당신이 다른 세일즈맨과는 달리 보이고 있는 것입니다.

여기까지의 내용을 정리해봅시다.

우선 처음에 '모객'과 '판매'를 나누어 생각해봅시다. 이 2가지를 혼동하면 '모객하고 즉시 세일즈 → 또 처음부터 잠재 고객을 찾고 → 모객하고 즉시 세일즈'라는 부정적인 사이클에 빠져버리기 때문입니다.

그럼 왜 이렇게 될까요?

이 방식은 예상 고객 '리스트화'를 할 수 없기 때문입니다. 예상 고객은 '지금 상품과 서비스를 사줄 수 있는 잠재 고객'과 '언젠가 상품이나 서비스를 사줄 수 있는 잠재 고객'이 있습니다.

그러나 '모객'과 '세일즈'를 동일하게 생각하면 눈앞의 성과에 분주한 나머지, '지금 상품과 서비스를 사줄 수 있는 잠재 고객'에게만 초점을 맞춰버립니다. 그렇게 되면, 전체 90%를 차지하는 '언젠가 상품과 서비스를 사주는 잠재 고객'을 어이없이 버리게 되는 것입니다. 이것이 만성적인 잠재 고객 부족의 원인이 되고 있습니다.

그 점을 고려해, 지금까지 소홀히 했던 '언젠가 상품과 서비스를 사줄 사람'을 리스트화하고 팔로우 업에 의해 일정 비율을 성사시킬 수 있다면 어떻게 될까요? 잠재 고객 부족이 해소될 뿐만 아니라 영업 효율도 비약적으로 향상할 수 있습니다. 하지만 어떻게 그것을 실현할 수 있을까요?

누구나 가능한 판매모델을 확립하는 것입니다. 즉, 시스템을 만드는 것입니다.

구체적으로는 다음의 3가지 구조입니다.

**단계 1 '모객' → 단계 2 '판매' → 단계 3 '팔로우 업'**

이것은 온라인 (인터넷을 사용하는 경우) 과 오프라인 (인터넷을 사용하지 않는 경우)에서도 동일한 '방법'입니다.

즉, '수단'이 다를 뿐, '사고방식'과 '하는 일'은 같습니다.

| 온라인 | 오프라인 |
| --- | --- |
| 홈페이지, 블로그, 이메일, 페이스북, 트위터 등 | 방문, 전화, 전단, 우편 DM, 편지, 엽서, 팩스 등 |

**MARKETING**

## 24시간 365일
## 온라인 자동판매 시스템을
## 계속 돌린다

'생각'과 '할 일'은 같아도, 온라인과 오프라인에서는 '결과'가 다릅니다. 온라인 즉, 인터넷을 사용하면 비용을 들이지 않고 지금까지 설명한 '시스템'을 간단하게 만들 수 있고, 이 방법은 놀라울 정도로 효율적입니다.

왜일까요? 인터넷에는 다음과 같은 특성이 있기 때문입니다.

**첫째, 인터넷을 사용하면, 오프라인에 비해 압도적이고 저렴한 비용으로 예상 고객과 소통할 수 있기 때문입니다.**

지금 당신의 수중에 500건의 '예상 고객 리스트'가 있다고 합시다. 그 리스트에 매주 1회, 1년간 팔로우 업을 계속했을 경우 오프라인과 비용의 '차이'를 비교해보시죠. 예를 들어, 우편 DM으로 팔로우 업을 하면 다음과 같습니다.

• 오프라인
매주 1회 × 4주 × 12개월 × 500건 × 1,000원 (우편 요금 + 인쇄비) = '2,400만 원'

한편, 이를 온라인 이메일로 팔로우 업하면 어떻게 될까? 일주일에 몇 번이고 메일을 보내도 리스트의 수가 몇 배가 되어도, 메일 발송 비용은 '0원'입니다(시스템 이용료 등 제외).

예상 고객과의 접촉 횟수가 매출에 비례하는 것을 감안할 때, 얼마나 메일에 의한 팔로우 업이 코스트가 효율적인지 알 수 있다고 생각합니다.

**둘째, '모객' → '세일즈' → '팔로우 업' 프로세스를 자동화할 수 있습니다.**

예를 들어, 홈페이지에서 무료 리포트 또는 동영상을 제공해 모객하고 있다고 합시다. 그 리포트에 관심을 가져준 예상 고객이 자료를 청구해주었습니다. 그 후 자동 답신 메일을 예상 고객이 받게 됩니다.

며칠 후, 리포트 또는 동영상에서 전하지 않은 내용에 대해 보충 설명하는 메일이 도착했습니다. 그리고 잠시 후, 이번에는 리포트를 읽고 느낀 점을 상담할 수 있는 무료 메일 상담 안내가 도착했습니다. 그리고 또 잠시 후, 지금 여기에서 설명한 과정은 인터넷을 사용하면 모두 자동화할 수 있습니다.

**셋째, 24시간 365일 시스템을 계속 돌릴 수 있습니다.**

인터넷은 상대의 상황에 따른 미디어입니다. 그러면서도 양방향 미디어이기도 합니다. 즉, 언제든지 원하는 때 예상 고객은 당신의 홈페이지를 방문합니다. 언제든지 원하는 때 당신의 메일을 읽을 수 있고, 용무가 있으면 회신도 합니다. 24시간 365일, 당신의 시스템이 계속 작동하고 있다는 것을 의미합니다.

그런데, 이러한 이점은 인터넷 접속 환경만 있으면 누구나 즐길 수 있는 것입니다. 그렇지만 실제로는 그 혜택을 누리지 못하는 사람들이 많이 있습니다. 무엇이 중요하고 무엇이 중요하지 않은지, 무엇에 포커스를 맞추어야 하며 무엇을 해야 할 것인지를 모르는 것이 원인입니다.

단순하게 생각합시다. 당신이 인터넷에서 지속적으로 매출을 올리는 비결은 단 2가지의 일을 하는 것입니다. 하나는 잠재 고객의 이메일 리스트를 모으는 것, 또 하나는 수집한 메일 리스트의 가치를 극대화시키는 것입니다.

· · ·
## − 예상 고객의 이메일 리스트를 모으는 방법 −

예상 고객의 이메일 리스트 수집 방법에 대해서 자세히 설명하겠습니다.

이미 당신이 예상 고객의 이메일 리스트를 가지고 있다면 더 늘리기 위해 지금 가지고 있지 않다면 앞으로 늘리기 위해 자세히 읽어보시기 바랍니다. 예상 고객의 이메일 리스트를 모으는 방법은 2가지가 있습니다.

### 방법 1. 오프라인 모집

인터넷 이외에서 메일 리스트를 모으는 방법입니다. 예를 들면, 평소의 영업 활동을 통해 만난 예상 고객의 메일 주소, DM이나 광고 등을 통해 모집한 예상 고객의 메일 주소를 입수합니다. 기존 고객의 메일 주소를 모른다면 "기존 고객에게 유용한 정보를 이메일로 전달하고 있으니, 가르쳐주시겠습니까?"라고 안내하고 이메일 주소를 얻습니다.

오늘부터는 오프라인도 의식하면서 예상 고객의 이메일 주소를 늘리는 노력을 하시기 바랍니다.

방법 2. 온라인 모집

인터넷을 사용해 메일 리스트를 모으는 방법입니다. 처음 비즈니스에 인터넷을 도입하려고 할 때, SEO(검색 엔진 대책) 등 까다로운 것을 생각하기 쉽습니다. 또한, 인터넷의 세계에서는 인스타그램이나 페이스북 등 계속해서 새로운 소셜 네트워크 서비스가 탄생하기 때문에 '도대체 무엇이 좋은지?' 고민합니다. 그러나 사실 인터넷 모객에서 할 일은 2가지입니다.

# MARKETING

## 바보의 훈수
### #1

2015년 어느 따뜻한 봄날 ….

2명의 남성이 도쿄에서 개최된 어떤 마케팅 세미나에서 만났습니다. 옆자리에 앉은 두 사람은 마치 몇 년 전부터 알던 친구처럼 바로 의기투합했습니다. 그도 그럴 것이 두 사람에게는 놀랄 만큼 많은 공통점이 있었던 것입니다. 두 사람 모두 20대 후반이며 사랑하는 여자 친구와 함께 오사카에서 살고 있었습니다. 두 사람 모두 커피를 좋아해서 어디를 가든지 개인 텀블러를 들고 다니며, 하루에 2번은 스타벅스에서 커피를 마시곤 했습니다. 그리고 무엇보다 두 사람 모두 1년 후 같은 시기에 인터넷에서 정보를 판매하는 비즈니스를 시작할 준비를 하는 중이었습니다. 두 사람 모두 자신의 기술을 향상시키기 위해 광고를 쓰는 법이나 마케팅 방법에 대해 국내외의 각종 책이나 교재를 읽고 공부하고 있었습니다.

두 사람은 오사카로 돌아와서도 한 주에 한 번 정도 단골 선술집에서 술을 마시며 이야기를 나누었습니다. 새로운 비즈니스를 시작하는 사람들이 자주 그러하듯, 서로의 비즈니스에 대해 열정적으로 대화했고, 그러다 보니 어느샌가 폐점할 시간이 되는 경우도 종종 있었습니다.

서로, 자신이 시작할 비즈니스의 성공을 확신하고, 꿈과 희망으로 가득 차 있었습니다. 그리고 두 사람이 처음 만난 날부터 정확히 1년 후 봄에, 드디어 두 사람은 비즈니스를 시작했습니다. 한 명은 도쿄, 다른 한 명은 오사카에 각각 회사를 설립했습니다. 유감스럽게도 설립과 동시에 바쁜 나날이 시작되어 "회사를 설립했다"는 전화를 마지막으로 상대방에 대해 생각은 하면서도 연락할 여유도 없이 지내게 되었습니다. 그런 날들이 1년 정도 이어지던 어느 날, 두 사람은 우연히 또 다른 세미나에서 재회했습니다. 두 사람은 만난 순간 얼싸안고 아이처럼 눈을 반짝이며 재회를 기뻐했습니다. 그리고 1년 전처럼 열정적으로 비즈니스 이야기를 했습니다.

하지만 많이 닮았던 두 사람에게는, 지난 1년간 결정적인 차이가 생겨났습니다. 도쿄에서 창업한 남자는 자금을 거의 다 사용해버리고 도산 직전까지 가는 궁지에 몰려 있었는데 반해, 오사카에서 창업한 남자는 매월 5억 원을 안정적으로 판매하는 수준으로 비즈니스를 확장했던 것입니다.

왜, 이런 일이 생겼을까요? 두 사람 사이에 이런 차이가 생긴 이유는 무엇이라고 생각하십니까?

사실, 그는 치명적인 실수를 범하고 말았습니다. 그것은 그가 너무나도 현금을 원한 나머지 '자산을 만드는 것'을 잊어버리고 만 것입니다. 그 때문에 현금이 아니라 자산을 만드는 데 집중한 사람과는 결정적인 차이가 생겨나고 만 것이죠.

현금은 사용하면 없어지는 것이지만, 자산은 그것으로 인해 얼마든지 현금을 생산할 수 있는 것입니다. 대부분의 창업가는 현금만을 추구해서 한 방으로 끝내버리고 맙니다. 유감스럽게도, 그도 그중 한 명이었습니다.

그럼 두 사람 사이에 결정적인 차이가 생겨나게 한, 인터넷 비즈니스에서의 자산이란 무엇일까요? 바로 '고객 리스트'와 '시스템', 고객을 모으고 판매로 이어지도록 시스템을 만드는 일입니다.

바보는 일본에서 대학원을 나오고, 광고 회사에서 근무하면서 완전자동으로 매출을 올리는 프러덕트 런치를 알게 되었습니다. 자세히 조사해보니 인터넷 비즈니스로 잘나가는 사람이나 기업은 온라인 자동판매를 위한 스텝메일을 비즈니스에 활용하기 위해 여러 가지로 고안하고 '장치'를 잘 도입하고 있었습니다.

그들은 해외에서도 증명된 '올바른 방법'으로 스텝메일을 활용하고, 무한한 매상과 높은 수익을 손에 넣었습니다. 실제로 매달 새로운 고객을 만날 때마다 처음부터 다시 세일즈를 해야 한다는 점은 매우 힘든 일입니다.

그런데, 세상에는 전혀 세일즈를 하지 않고도 '메일만으로' 언제나 안정적인 매상을 확보하는 사람이나 기업이 있습니다.

완전자동으로 매상을 올릴 방법에 관심이 있으십니까? 고객에게 자동으로 메일을 보냄으로써 여러분이 잠들어도 '시스템'이 돈을 벌어주는 방법이 있습니다. 그것이 바로 '스텝메일'입니다.

"매월 지속적으로 팔지 못하는 세일즈에 지쳤다."

"시스템을 사용해서 자동으로 매상을 올리는 방법은 없을까?"

비즈니스를 계속해나감에 따라 여러분도 항상 이러한 고민을 하고 계시지 않습니까?

'스텝메일'을 비즈니스에 활용하면 어떤 장점이 있는가?

첫째로, 매월 매우 큰 수익을 올릴 수 있게 됩니다. 왜냐하면, 스텝메일을 제대로 활용하면 세일즈를 '완전자동'으로 할 수 있기 때문입니다. 사전에 정해둔 시나리오에 따라 메일을 등록한 사람에게 발송하기만 하면, 매일 당신이 잠들어 있어도 자동으로 매상이 올라가게 되는 것입니다. 그 결과, 여러분은 매달 매우 큰 이익을 얻을 수 있게 됩니다.

둘째로, '현금'을 손에 넣기까지의 시간을 대폭 단축할 수 있습니다. 고객이 당신이나 당신의 회사 존재를 알게 된 후 상품을 구입할 때까지는 어느 정도 시간이 걸립니다. 하지만 당신은 과학적으로 효과가 증명된 '스텝메일'을 설치하기만 하면 어떠한 고객이라도 똑같이 '가장 빨리' 매우 높은 확률로 성약을 이룰 수 있습니다.

그 결과 당신은 '현금'을 손에 넣기까지의 시간을 단축할 수 있게 됩니다.

셋째로, 경비를 절감할 수 있습니다. 당신은 매월 매상을 올리기 위해 고액의 인건비나 간접비용을 투자하고 있지 않습니까? 하지만 스텝메일을 효과적으로 활용하면, 당신은 단지 메일을 발송하는 시스템만을 유지하는 것만으로, '완전자동'으로 지금까지와 같은 어쩌면 그 이상의 매상을 얻을 수 있습니다. 그 결과 당신은 비즈니스를 위해 사용되는 경비를 절감할 수 있게 됩니다.

만약 당신이 전문가라면 스텝메일을 비즈니스에 활용해서 극적으로 매출을 향상시키고 개인 브랜딩에도 매우 도움을 줄 수 있습니다. 전문가의 수입은 개인의 이름이나 명성(브랜드)으로 결정되기도 합니다. 당신이 스텝메일을 활용해 여러분의 서비스를 이용하는 사람을 늘리면 늘릴수록, 시장에서의 당신의 지명도는 한번에 올라갈 것입니다. 그 결과 업계에서도 눈에 띄는 지명도와 명성을 얻을 수 있게 될 것입니다.

그리고 당신에게 의뢰가 모여들어 지금까지와는 비교할 수 없을 정도의 높은 수입을 얻을 수 있게 될 것입니다. 개인 브랜드가 향상됨에 따라, 모아들인 유망 고객으로부터의 의뢰 건수와 고객 단가가 저절로 증가하는 것입니다. 만약 그것이 실현된다면, 수입은 크게 오를 것입니다.

그리고 온라인자동판매시스템의 대상은 전문가, 즉 '엑스퍼트'입니다. 우선 먼저 세무사, 공인회계사, 변호사, 사회보험 노무사, 행정

서사, 변리사와 같은 매우 전문적인 기술을 가진 분들은 제일 먼저 그 대상이 될 수 있다고 생각합니다. 다음으로 코치, 컨설턴트, 세미나 강사, 작가와 같은 분들도 특정 부문에 매우 정통한 전문적 지식을 가지고 있으므로 대상이 될 수 있습니다. 마찬가지로 의사가 있습니다. 일반적인 전문 의사는 물론, 치과 의사도 대상이 될 수 있습니다. 당연히, 마사지나 에스테샵을 경영하는 분들도 해당합니다. 이에 해당하는 분들은 반드시 이 '스텝메일 마케팅'을 활용해보세요. 분명 엄청난 보수를 얻을 수 있을 것입니다.

기술의 발전과 트랜드의 변화로 고객과 소통하는 채널은 바뀔 수 있어도 메일은 기본으로 사용합니다. 더욱이 메일 발송비용이 제로에 가깝습니다. 고객과 신뢰를 쌓고 공감대를 형성해놓으면 당신이 보내는 메일에 고객은 적극적으로 반응할 것입니다.

바보는 스텝메일을 국내 최초로 들어와서 비즈노 컨설팅에서 유일하게 스텝메일을 가르치고 있습니다. 결과, 다양한 업종에서 자동판매 시스템이 구축되고 비약적인 성과를 만들어가고 있습니다. 온라인비즈니스로 무한한 매상과 수입을 얻기 위한 구체적이고 실용적인 방법을 소개하게 되어 무한한 기쁨으로 생각합니다.

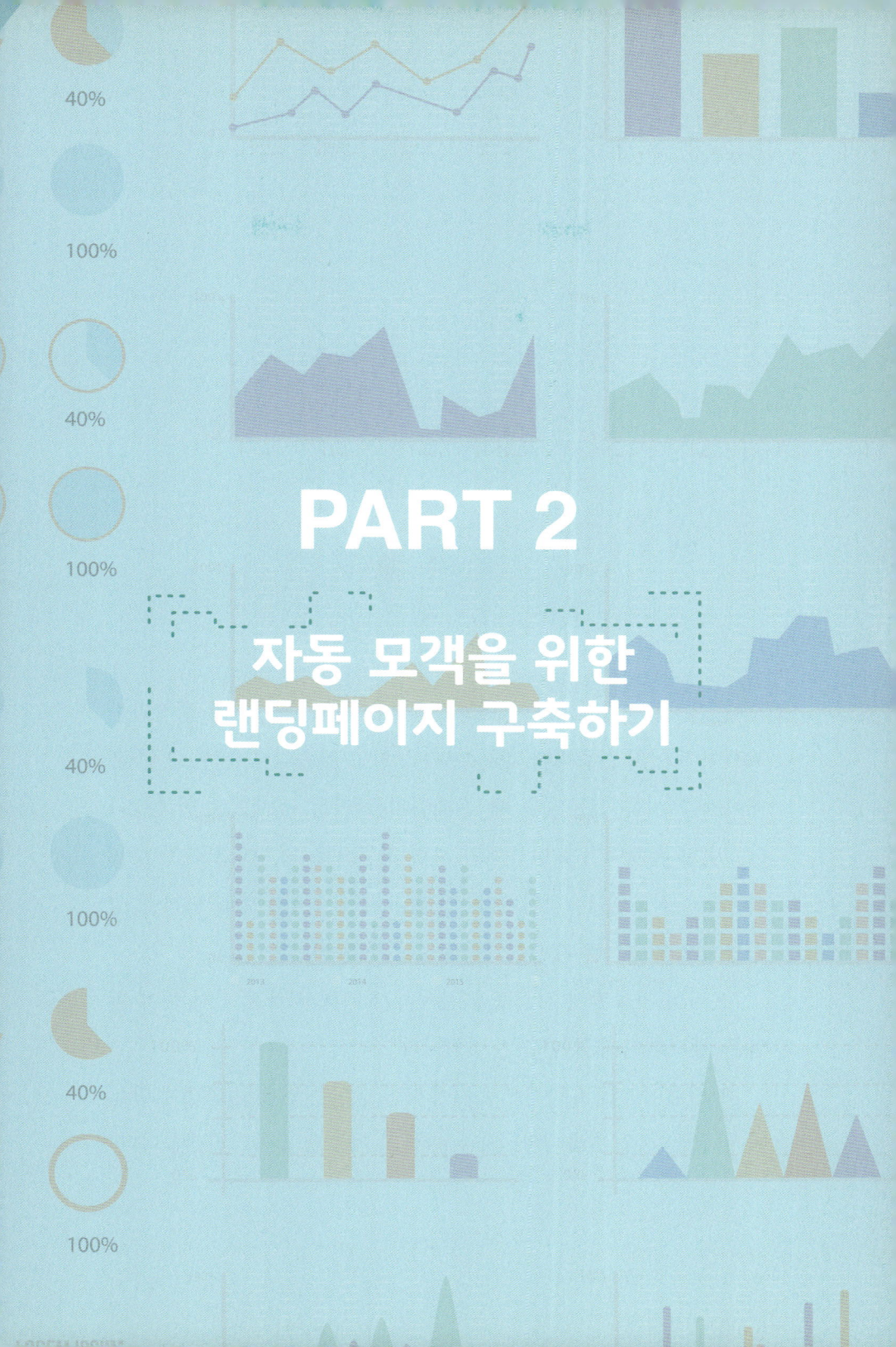

MARKETING

# 잠재 고객을 모아주는 랜딩페이지란?

 많은 분이 "돈을 들여 멋진 홈페이지를 만들었는데 생각만큼 고객이 모이지 않습니다"라는 고민을 안고 있습니다. 많은 분이 홈페이지를 처음 만들었을 때 홈페이지를 만든 것만으로 만족합니다. '멋진 홈페이지를 만들기만 하면 자동으로 고객이 모이지 않을까?'라고 믿고 있는 것입니다. 그러나 사실 인터넷으로 모객을 성공시키기 위해서는 홈페이지만으로는 부족합니다.
 온라인 자동판매 시스템을 완성하기 위해서 가장 먼저 해야 할 일은 '랜딩페이지'를 만드는 것입니다.
 랜딩페이지를 효과적으로 사용하면 당신은 인터넷 모객에 확실하게 성공할 수 있습니다. 지금부터 그 이유를 말씀드리겠습니다.

먼저 '랜딩페이지'의 의미부터 살펴보자면, 'Landing'은 우리말로 착륙입니다. 비행기가 지금 착륙하려는 이미지입니다. 조금 더 구체적으로 말씀드리겠습니다.

### 1. 외부 페이지에서 유도되어 고객이 처음 보는 페이지입니다

간혹 인터넷을 하다가 재미있는 광고를 보고 클릭하면 처음 보이는 페이지가 있습니다. 이것이 바로 기업이 설치한 랜딩페이지입니다.

### 2. 특정한 목적을 달성하기 위한 페이지입니다

크게 2가지의 목적이 있습니다.

첫 번째 목적은, 예상 고객으로 등록하는 페이지입니다.

또 하나의 목적은, 상품을 실제로 구입하게 만드는 페이지입니다.

### 3. 한 장의 페이지입니다

한 장의 페이지 안에 한 가지의 목적을 갖는 페이지입니다. 홈페이지와 랜딩페이지의 차이점은 무엇일까요?

홈페이지 안에는 회사 개요를 포함한 여러 정보가 들어 있으며, 여러 곳으로 이동할 수 있도록 링크도 설치되어 있습니다. 고객의 입장에서 보면 주의가 분산되기 쉽습니다. 등록 또는 구매하고 싶어도 좀처럼 결정할 수 없게 만드는 이유가 됩니다. 랜딩페이지는 한 페이지 안에 한 가지의 목적을 갖고 만들었을 때 성약률이 매우 높습니다.

### 4. 고객의 정보를 모을 수 있는 장치가 있어야 합니다

잠재 고객의 허락을 받아 개인 정보를 모으는 것을 옵트인(opt in : 미리 받아보겠다고 허락한 사람에게만 전자 우편을 보내도록 하는 일이나 그런 방식)이라고 부릅니다. 잠재 고객의 수를 늘리기 위해서 가장 효과적인 방법은 옵트인 오퍼의 질을 높이는 것입니다. 잠재 고객이 도저히 거부하기 어려운 매력적인 오퍼, 즉 선물을 제공해 고객의 정보 이름, 이메일, 전화번호 등을 확보할 수 있는 것입니다.

**MARKETING**

# 잠재 고객이 도저히
# 거부하기 어려운
# 매력적인 오퍼를 만드는 방법

무료로 제공하는 오퍼의 질에 따라서 본 상품의 판매 여부가 결정될 정도로 무료 오퍼는 중요합니다. 마트에서 제공하는 시식 상품으로 생각하시면 이해가 빠르겠네요. 시식상품을 먹어봤는데, 맛이 없으면 본 상품은 팔리지 않겠죠. 본 상품을 많이 팔기 위해 단순히 제공되는 서비스가 아니라, 시식상품도 하나의 상품이라는 인식이 필요합니다. 아니 본 상품보다 더 중요하다는 인식이 있어야 합니다.

온라인 자동판매 시스템 구축과정에서도 실제로 수업시간에 오퍼를 만들게 한 다음, 그 오퍼를 보고 구매하고 싶은 사람은 손을 들어보라고 해서 오퍼의 가치를 측정합니다.

지금까지 수백 가지의 오퍼가 발표되었는데, 그중에서도 특히 효과적이었던 오퍼를 정리해보겠습니다. 그동안에 검증을 거친 오퍼이기 때문에 응용해서 비즈니스에 사용하면 효과가 있을 것입니다.

먼저, 잠재 고객이 도저히 거부할 수 없는 오퍼는 무엇인지 정의를 말씀드리겠습니다.

'내게 00원을 주세요. 당신에게 ○○과 ○○을 드릴게요.'
'○○시간을 들여 ○○를 ○○해주세요.'
'매일 ○분간 ○○를 하세요. 그러면 ○○일 후에 ○○와 ○○하게 됩니다.'
'만약 ○○하지 않으면 전액 환불(2배로 환불)해드립니다.'

거부할 수 없는 오퍼란 한마디로 말하면 약속입니다.

대가를 받고, 어떤 걸 주고, 대신 ○○○을 하도록 하는데, 그렇게 하면 30일, 60일 후에는 어떻게 된다고 말하고, 만약 안 되면 전액 환불해준다는, 그런 약속이 강한 것일수록 세일즈는 폭발적이 됩니다.

클라이언트의 카피를 작성하거나 프로젝트를 진행할 때 잘되는 프로젝트는 오퍼가 대단합니다. '이런 걸 약속해주다니!'라고 생각할 정도로 강렬한 오퍼가 제공되는 프로모션은 폭발적인 효과가 있습니다. 이때 약간의 창의력이 필요합니다. 아직 세상에 없는 강력한 특전을 생각해내는 것, 적극적인 제안을 해야 하기 때문이죠. 클라이언트가 소극적이고 겁이 많을 때는 강력한 오퍼를 만들기 어렵습니다. 그러면 잘 팔리지 않죠.

오퍼는 일단 강력한 것이어야 잘 팔립니다. 그것이 거부할 수 없는 오퍼입니다.

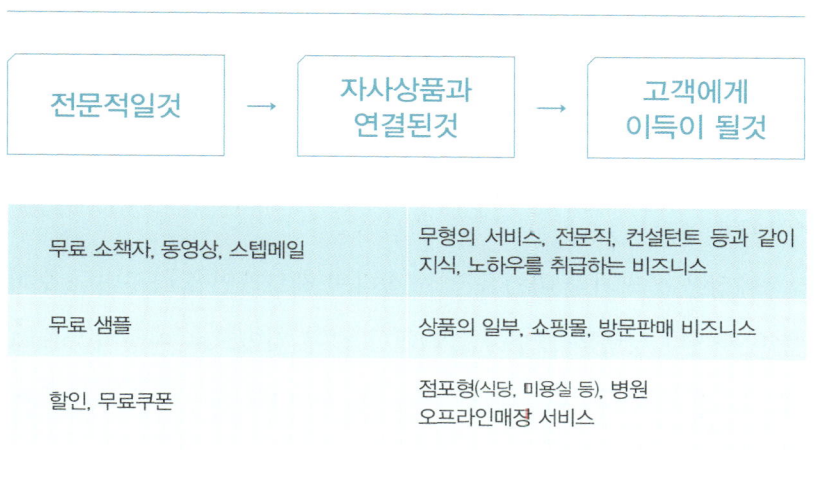

그럼 왜 거부할 수 없는 오퍼가 중요할까요?

1. 효과적인 오퍼를 만들면 세일즈는 할 필요가 없습니다.
오퍼를 보여주기만 하면 상품이 팔리게 됩니다

2. 아무리 세일즈를 잘해도 오퍼가 약하면 안 팔립니다.
아무리 좋은 상품을 취급하고 아무리 소개를 잘 해도 마지막 오퍼가 약하면 팔리지 않습니다. 고객이 달려들지 않습니다.

3. 오퍼가 강력하면 순식간에 반응률을 2~3배로 올릴 수 있습니다.
매상을 올리거나 이익을 얻고 싶다면 헤드라인을 바꾸거나 오퍼를 바꾸거나 상품의 개수를 늘리거나 하는 것만으로 매상이 2배, 3배, 4배로 올라갑니다. 헤드라인을 바꾸었더니 2배로 오르고 오퍼가 강력해져서 2배로 올랐다면 2배×2배이므로 매상은 4배로 오릅니다. 그것만으로도 매상이 4배로 올라갑니다. 너무 어렵게 생각하지 말고 지금부터 말씀드릴 내용을 확실하게 실천하신다면 빠른 속도로 비즈니스가 개선될 것입니다.

### – 효과적인 무료 오퍼의 특징 –

**사례 1. 9명으로 450만 원을 만드는 오퍼**

300만 원 이상의 고가의 백 엔드를 파는 세미나 구축 방법입니다.

당신은 이 방법을 알게 되면 자신의 세미나를 통해 고가의 백 엔드 상품을 판매하는 힘을 얻을 수 있습니다. 비용은 50만 원 정도 됩니다. 또한, 이 서비스에는 3가지 스페셜 특전이 포함됩니다.

첫 번째, 세미나의 시나리오를 첨삭해주는 서비스입니다.

두 번째, 백 엔드 세일즈의 툴을 첨삭해주는 서비스입니다.

세 번째, 전화 상담서포트입니다.

그리고 완전 보장 제도가 있어서, 당신이 고가의 백 엔드 상품을 하나 이상 판매할 때까지 3가지 특전에 대한 서포트 기한을 연장해드립니다.

이걸 보여준 것만으로 50만 원×9명= 450만 원의 매출을 올렸던 사례입니다. 이 서비스를 신청하면 고가의 백 엔드를 판매하는 세미나를 구축할 수 있다는 제안입니다. '고가의 백 엔드 상품을 하나 이상 판매할 때까지 3가지 특전에 대한 서포트 기한을 연장해드립니다'는 오퍼가 유효했다고 하겠습니다.

### 사례 2. 14명으로 700만 원을 만드는 오퍼

옐로 아이디를 사용해 고객 모집률을 30% 향상시키고, 당신의 비즈니스를 핸드폰으로 검색했을 때 검색 상위에 표시되게 하는 방법입니다.

1일 세미나를 통해 이것을 가능하게 하는 숨겨진 기술을 50만 원에 알려드립니다. 3개월 이내에 검색 상위에 표시되지 않는다면, 세미나 참가비 50만 원을 환불해드립니다. 또한, 세미나에 참가해주신 하루라는 귀중한 시간에 대한 비용 10만 원을 지급해드립니다.

효과를 보지 못하면 60만 원을 환불해준다는 오퍼입니다. 위 사례에서 포인트는 '숨겨진 기술'입니다. '숨겨진 기술'과 같이 비밀스러운 단어를 사용하면 반응률이 올라가게 됩니다. 그리고 귀중한 시간을 투자하게 한 대가로 10만 원, 이미 지불한 50만 원이 넘는 금액이 돌아오는 겁니다. 10만 원의 사과 비용을 지급해준다는 부분에서 역시나 반응률이 올라갑니다. 검색 상위에 표시된다는 표현도 자극이 됩니다.

더욱 가격을 올리고 싶으면 '숨겨진 기술'을 50만 원에 알려드리는 것뿐만 아니라, 직접 대행해준다고 하면 200~300만 원으로 올릴 수 있을 것입니다. 매우 강력한 오퍼라 할 수 있죠. 참고로 고객 후기나 추천의 글, 실제 데이터, 캡쳐 화면과 같은 증거를 제시하면 신뢰를 줄 수 있어 좋습니다.

### 사례 3. 7명으로 350만 원을 만드는 오퍼

주문 건수를 한 달에 30% 향상시키는 랜딩페이지를 7명 한정! 50만 원에 만들어드립니다.

한 달 동안 사용해보고 효과가 없으면 비용을 전액 환불해드립니다.

특전: 저희 사이트에서 한 달 동안 소개해드립니다.

(저희 사이트는 하루 접속자 수가 1500 이상입니다)

주문 건수가 향상된다는 내용입니다. 7명 한정! 50만 원은 아주 저렴하죠. 만약 사용해보고 효과가 없으면 비용을 전액 환불해드립니다. 거부할 수 없는 오퍼를 만들다 보면 이러다 적자를 보는 거 아니냐고 걱정하는 분들도 계신데요. 그런 일은 없습니다. 거부할 수 없는 오퍼를 만드는 단계에서는 약간의 적자를 볼 수도 있어요. 하지만 거부할 수 없는 오퍼를 제공하는 과정에서 고객과의 사이에 신뢰가 생기게 됩니다. 첫 거래를 하는 거죠. 첫 거래를 하게 되는 순간에 고객과의 신뢰 관계를 만들게 되면, 백 엔드 상품, 이른바 고가의 백 엔드를 팔 수 있게 되기 때문에 거부할 수 없는 오퍼를 제공한 다음에는 백 엔드 상품을 반드시 준비하시면 좋겠습니다.

### 사례 4. 6명으로 300만 원을 만드는 오퍼

당신의 랜딩페이지 1페이지를 제작해드립니다.

① 개별 상담을 통해 원하는 기능, 디자인을 상세히 여쭤볼 것입니다

② 한 달 이내라면 3번까지 새로 만들어드립니다.

③ 랜딩페이지 제작 소프트 선정, 인스톨 방법을 완벽하게 도와드리고, 만든 후의 갱신 방법에 대해 당신이나 웹 담당자 1명에게 알려드립니다.

④ 계약일로부터 1년간 랜딩페이지 갱신 작업에 관해 답해드릴 수 있는 것은 무엇이든 메일로 질문해주세요(횟수 제한 없음).

⑤ 요금은 50만 원입니다. 만족하지 못하실 경우, 전액 환불해드립니다. 이것 때문에 저와 당신의 관계가 깨지는 일은 없을 테니 안심하세요. 또한, 원하신다면 요구에 맞춰드릴 수 있는 기술을 가진 다른 웹페이지 제작 회사를 찾아서 소개해드리겠습니다.

서포트 방침이 제대로 되어 있죠. 이 거부할 수 없는 오퍼를 제공할 때는, 일일이 혼자서 하려고 하면 너무 힘들 것입니다. 작업을 다 해주고 환불 요청을 받게 되면 안 되니까요. 툴이나 템플릿을 만들어서 움직이는 노력을 최소화합니다. 자신이 들이는 비용

은 최대한 줄여야 합니다. 템플릿을 만들어서 그 템플릿만 따라 하면 10~20분 안에 작업을 완료할 수 있을 정도로 해놓고 이러한 오퍼를 제공해야 합니다. 서포트를 할 때 고객과 직접 대화를 하게 되면 신뢰도가 올라갑니다. 접촉 빈도가 높으면 높을수록 신뢰도는 올라갑니다. 접촉 빈도가 높으면 높을수록 백 엔드 상품이 잘 팔리기 때문에 직접 해야 하는 작업은 정말 간단하게 만들어야 하는데 고객에게 그 사실을 말할 필요는 없습니다. 자신이 하는 작업에 대해서는 템플릿으로 만들어놨다고 말할 필요는 없습니다. 하지만 매번 새롭게 만들어야 하는 상태에서 시작하면 너무 힘드니까 무조건 간단하게 만들어놓으시기 바랍니다.

### 사례 5. 19명으로 190만 원을 만드는 오퍼

겉모습 때문에 손해를 보고 계시지 않습니까?

당신이 누군가에게 무언가를 전달하는 입장이라면 아무리 훌륭한 이야기를 해도, 멋진 인간성을 가진 사람이라 해도 실력이 있다고 해도 상대방이 처음 받은 인상이 안 좋다면 이야기를 적극적으로 들어주지 않습니다. 한번 닫은 마음의 문을 다시 여는 것은 정말 힘듭니다.

저는 지금까지 5,000명 이상의 아름다움을 프로듀스해왔습니다. 유명한 모델, 배우를 담당해왔습니다. 한번만 보면 그 사람을 최대한으로 가꾸는 방법이 떠오릅니다. 헤어스타일, 의상, 화장, 피부, 자세까지….

　이번에 제가 당신의 헤어스타일이나, 화장, 패션 코디네이터를 해드리려 합니다. 또한, 당신의 새로워진 모습을 아이돌이나 일류 여배우, 모델을 촬영한 카메라맨이 촬영해드릴 것입니다. 저도, 카메라맨도 평소에는 일반인들과 일을 하지 않습니다. 평소에는 몇 백만 원의 개런티를 받고 있습니다. 이번에는 촬영까지 포함해 십만 원에 제공해드리겠습니다.

　굉장히 저렴하게 느껴지시죠? 왜 저렴하다고 생각했는가 하면 자기 자신에 대해 브랜드화했기 때문입니다. '저는 지금까지 5,000명 이상의 아름다움을 프로듀스해왔습니다.' '유명 모델, 배우를 담당해왔습니다.' 이런 말은 반드시 해주는 것이 좋습니다. 자기 자신의 가치를 드러내는 것이죠. 오퍼를 제공할 때는 자기 자신의 가치를 드러내지 않으면 안 됩니다. 유명 모델이라고 해도 별로 유명하지 않을 수도 있어요. 그건 알 수 없지만 그런 식으로 스스로의 가치를 전달하면 굉장히 저렴하게 느끼게 되는 거죠. 예를 들어 '새로워진 모습을 아이돌이나 일류 여배우, 모델을 촬영한 카메라맨이 촬영해드릴 것입니다.' 어쩌면 아이돌과 딱 한 번만 촬영해본 사람일 수도 있어요. 하지만 이런 식으로 말을 하면 대단하다고 느끼죠. 개런티도 평소에는 몇 백만 원이라고 하면서 세일즈를 하고 있네요. 평소에는 개런티가 몇 백만 원이지만, 이번에는 10만 원이라는 점에 특징이 있는 것입니다. 몇 백만 원을 받은 건 한 번뿐일 수도 있지만, 평소에 얼마 받는지 알 수 없으니까요. 그래도 이렇게 말하면 정말 저렴하다고 생각하게 됩니다. 오퍼를 제공할 때는 자기 자신을 부각해야 합니다. 당신도 이렇게 말해보시겠습니까!


### 사례 6. 1명으로 1,000만 원을 만드는 오퍼

1,000만 원을 주세요. 2,000만 원을 벌 때까지 철저히 서포트해드리겠습니다.

3개월 이상이 걸리면 전액 환불해드리겠습니다.


'1,000만 원을 주세요.' '2,000만 원을 벌 때까지 철저히 서포트해드리겠습니다.' 이건 정말 효과가 좋습니다. 솔직히, 제대로 비즈니스를 하는 사람, 이미 비즈니스가 어느 정도 궤도에 오른 사람이라면 3개월이 걸리지 않습니다. 정말 1~2주면 가능합니다. 2배로 자금을 늘릴 수 있습니다. 이걸 보시고 관심이 있으시다면 2배로 자금을 늘릴 수 있으니 저에게 연락 주십시오. 정해진 방법대로만 하면 되기 때문에 쉽고 간단하게 돈이 불어나는 것을 확인하실 수 있습니다.

### 사례 7. 6명의 여성을 대상으로 60만 원을 만드는 오퍼

당신을 위한 기적의 사진 한 장을 촬영해드립니다.

프로 스타일리스트가 해준 메이크업을 받고 당신을 예쁘고 아름답게, 연예인이나 유명인을 촬영하는 여성 카메라맨이 당신의 매력을 이끌어내는 사진을 촬영해드립니다.

촬영 전에는 프로듀서인 저와 카메라맨이 함께 컨설팅을 시행해 사진의 이미지를 결정합니다. 사진 촬영한 것은 전부 보내드립니다. 600~700장 정도의 분량입니다. 스튜디오는 자연광이 들어오는 멋진 장소로 준비했습니다.

그날 한 메이크업의 포인트를 말씀드리면서 꾸며드릴 것이므로 촬영 후에도 직접 메이크업을 재현할 수 있습니다. 기적의 사진 한 장을, 기적이 아니라 당신의 평소 모습으로 만들 수 있을 것입니다.

그중에서 기적의 사진 한 장을 선택해서 자신을 브랜딩하는 데 사용해보세요. 이러한 촬영기회를 10만 원에 제공해드립니다.

여성이라면 누구나 혹하지 않을까요? 가격을 올려도 잘 될 것이라 생각합니다. 여성을 대상으로 한 상품, 특히 아름다워진다는 상품은 성약률이 매우 높습니다. 여성이 바라는 니즈에는 몇 가지 포인트가 있는데 첫 번째는 자기 자신이 아름다워지는 것, 다음은 자신이 사랑하고 사랑해줄 남자, 파트너를 찾는 것 그리고 돈입니다. 사랑과 아름다움과 돈이죠. 돈이라고 하니까 좀 품위가 없어 보일 수 있지만, 남성의 경우 돈과 여성이 거의 첫 번째 순위인데 여성은 아름다움과 사랑입니다. 자신이 아름다워질 수 있다면 아까워하지 않는 것입니다. 가격이 10만 원이었기에 100%의 성약율이었지만, 가격을 30만, 50만 원으로 올려도 잘 될 것으로 생각합니다. 그리고 여성에게 세일즈를 할 때의 포인트는 이것저것 말로 설명할 게 아니라 사진을 보여주는 것입니다. 원래 이런 모습이었는데 이렇게 변했습니다. 사진을 보여주면 바로 성약이 이뤄질 겁니다. 후기나 체험담을 준비해두면 성약이 잘 이뤄집니다. 정말 효과가 있습니다.

### 사례 8. 16명으로 1,600만 원을 만드는 오퍼

저에게 100만 원을 맡겨주세요. 불과 한 달, 일주일에 3일, 3시간만 시간을 맡겨주세요. 그러면 당신의 세계는 변화될 것입니다. 그리고 마음도 변화될 것입니다. 당신을 영화 속 세계, 잡지 속 세계에 나올 법한 멋진 남자의 패션부터 몸매를 갖게 될 때까지 총괄해서 코디해드리겠습니다.

만약 한 달 안에 성과를 보지 못하면 요금 전액+2배의 요금을 환불해드리겠습니다.

100만 원으로 영화, 잡지 속 세계에 나올 법한 동경하는 멋진 남자가 될 수 있다는 거네요. 이거 좋네요. 훌륭하다고 생각합니다. 좋아요. '좋아요' 말고는 할 말이 없네요. 새로워지고 싶다는 니즈를 자극한 건데, 영화 속 세계, 잡지에 나올 법한 동경하는 멋진 남자가 될 수 있다. 그런데 100만 원이면 좋습니다.

### 사례 9. 16명으로 600만 원을 만드는 오퍼

300만 원 이상의 고가의 상품을 판매하는 강사를 대상으로 1일 세미나 콘텐츠 편과 고객 모집 편으로 나누어 소개해드리겠습니다. 자잘한 테크닉은 알려드리지 않습니다. 콘텐츠 편과 고객 모집 편 모두 하루 동안의 세미나에서 평생 돈을 벌 수 있는 내용을 제공할 것입니다. 콘텐츠 편에서는 세미나의 내용을 구축하고 어떻게 백엔드로 이끌어갈지를 중심으로 말씀드릴 것입니다.

고객 모집 편에서는 세미나로 어떻게 고객을 모집할지, 어떻게 다른 강사와 차별화를 할지, 마케팅을 중심으로 말씀드릴 것입니다.

세미나를 개최하는 장소 정보부터 이벤트를 만드는 방법, 이벤트 스케줄, 이벤트를 공지하는 안내문 체크, 신청이나 입금 후 보내는 메일의 문장, 전날 준비해야 하는 일, 당일 인력 배치, 당일 배포할 자료의 체크 리스트, 설문조사를 만드는 방법, 영상이나 사진을 배치하는 장소와 관련된 자료도 알려드립니다.

당신의 세미나에 참가해서 세미나 콘텐츠의 피드백, 개별 면담 장소나 개별 면담에서 이야기하는 방법, 앞으로의 세미나, 비즈니스를 전개하는 방법에 대해 컨설팅해드릴 것입니다. 3개월 이내에 상품을 하나도 판매하지 못하면 전액 환불해드리겠습니다.

300만 원 이상의 고가의 상품을 판매하는 여러 가지 세밀한 부분들까지 도와준다는 패턴입니다. 의외로 세밀한 부분들까지 도와주면 고마움도 크겠죠. 예를 들면 광고 설정을 대행해준다거나 PPC 광고 설정의 운용 대행, 디자인에서도, 그냥 디자인을 받는 게 아니라 서버 설치까지 다 해주면 정말 고마울 것입니다. 고객이 해야 하는 수고를 조금이라도 덜어주는 것, 고객은 생각할 필요가 없게 하는 거죠. 기본적으로 고객은 생각하고 싶어 하지 않기 때문에 '생각할 필요가 없습니다'라는 오퍼는 반응률이 아주 좋습니다.

### 사례 10. 15명으로 500만 원을 만드는 오퍼

당신의 자녀를 스티브 잡스로 만드는 방법을 알고 싶습니까? 이 프로그램은 매사추세츠 공과 대학에서 개발한 획기적인 자녀 교육 프로그램입니다.

매일 게임만 하는 아이가 게임을 만드는 아이가 될 것입니다.

게다가 그 게임은 전 세계의 아이들이 즐길 수 있고, 코멘트도 받을 수 있습니다. 단 일주일 만에 당신의 자녀를 세계적인 아이로 만들 수 있습니다

이 프로그램에 참여하는 비용은 100만 원이지만, 다음과 같은 내용을 보증해드립니다. 문의 사항에 대해서는 24시간 이내에 답변해드립니다. 메일로 설명하지 못하는 것은 영상 통화를 이용해서 심야 시간이라도 답변해드릴 것입니다. 만에 하나 자녀가 흥미를 갖지 못하면, 한 달 이내에 말씀해주시면 전액 환불해드립니다.

상품 자체의 가치가 높으면 이런 식으로 해볼 수 있습니다. 스티브 잡스나 매사추세츠 공과 대학 등 상품 자체의 가치가 높은 경우에 속하는데 다만, 상품의 가치가 높을 것과 서포트가 확실해야 합니다. 24시간 이내에 답변해드린다거나 영상 통화로 심야 시간에도 응대하는 것이 좋습니다. 사실 이건 리스트의 속성과는 별로 맞지 않았지만 15명 중 5명이 반응을 보였다는 점에서, 효과가 있다고 생각한 오퍼였습니다.

### 사례 11. 16명으로 1,600만 원을 만드는 오퍼

〈악마의 세일즈 레터 첨삭 서비스입니다〉
당신의 라이벌 고객을 송두리째 빼앗아오고 싶으십니까?

증오스러운 상대의 숨통을 끊어버리기 위한, 악마의 세일즈 레터 템플릿을 공개합니다. 이 템플릿을 사용하면 당신의 라이벌의 서비스는 한 순간에 진부한 것으로 변해, 대량의 유망고객이 당신의 사이트로 흘러들어 올 것입니다

다만, 극약 처방이기 때문에 한 업종의 한 회사에만 제공해드릴 것입니다. 가격은 100만 원입니다.

《특전1》 온종일 제가 맨투맨으로 첨삭 지도를 해드립니다.
《특전2》 당신이 납득할 때까지 메일로 첨삭 지도를 해드립니다.
《만족 보장》 만약 한 달 내에 100만 원 이상의 효과가 없을 경우, 비용을 무조건 전액 환불해드리겠습니다.

이 오퍼의 포인트는 강력한 단어를 사용했다는 것입니다. '악마의 세일즈 레터'나 '송두리째 빼앗는다.' '증오스러운 상대의 숨통을 끊는다.' 이렇게 좀 폭력적인 단어를 사용하면 신기하게도 반응률이 올라갑니다. '극약 처방' 같은 단어 말이죠. 인간의 뇌는 3층 구조로 되어 있는데 제일 밑에는 파충류의 뇌가 있다고 합니다. 카피라이터라면 다 아는 이야기일 텐데요. 이 파충류의 뇌는 매우 단기적인 욕구, 쾌락을 원하는데 동시에 공격성이 높습니다. 파충류의 뇌, 동물의 뇌이기 때문이죠. 진화 과정에서 보면 어류나 파충류는 첫 단계에 속하죠. 즉 '밥을 먹고 싶다' '자손을 남기고 싶다' 그리고 공격하는 것, 라이벌에게 땅을 빼앗는 것 등의 저차원적인 욕구

가 뇌의 95% 정도가 된다고 합니다. '송두리째 고객을 빼앗는다' '악마의 세일즈 레터'라는 말을 들으면 반응을 할 수밖에 없겠죠.

### 사례 12. 16명으로 500만 원을 만드는 오퍼

최신 SNS를 사용해서 광고비를 들이지 않고 당신의 비즈니스를 3개월 만에 검색 상위에 뜨게 해 매상이 알아서 쑥쑥 오르는 방법을 100만 원에 판매합니다.

실제로 한 빵집은 하루에 팬이 100명 이상 증가했습니다. 이 노하우를 하루 동안 일대일로 카운슬링해서, 초기 설정부터 개설까지 도와드립니다. 또한, 운용 방법도 메일을 통해 무제한으로 상담해드립니다.

알려드린 방법대로 실천해서 3개월 안에 검색 상위에 뜨지 않으면 판매 비용 100만 원과 한 달에 10만 원씩 비용을 계산해서 총 130만 원을 환불해드리겠습니다.

실제로 한 빵집의 팬이 증가했다는 사례를 언급하고 있는 점이 좋습니다. 고객은 판매하는 사람이 아무리 효과가 있다고 이야기해도 신뢰하지 않지만, 타사의 성공사례가 있다면 신뢰하게 됩니다. 3개월 안에 검색 상위에 들지 않으면 사과 비용을 지급해준다는 오퍼 역시 훌륭합니다.

지금까지 노하우 계열의 오퍼뿐만 아니라 패션, 사진 촬영, 자녀 교육 등 다양한 업계의 오퍼를 소개했습니다. 이 오퍼를 기초로 비즈니스를 구축해서 상품을 제안한다면 판매량은 좋아질 것입니다. 좋은 상품을 갖고도 잘 팔리지 않는다. 좋은 상품을 갖고 있지만, 고객 모집이 잘 안 된다면 일단 오퍼를 다시 살펴봐야 할 것입니다. 오퍼가 강력하다면 그것만으로도 잘 팔리는데, 오퍼와 증거(후기)를 세트로 강력한 오퍼를 만든다면 더욱 강력한 비즈니스를 할 수 있습니다.

MARKETING

# 효과적인 랜딩페이지의 구성 6요소

랜딩페이지에서 중요한 6가지 포인트를 중심으로 말씀드리겠습니다.

- 헤드라인
- 본문
- 이미지
- 레이아웃
- 배너 및 메뉴
- 등록 폼

## 1. 헤드라인

유저의 눈에 우선 띄는 것이 헤드라인입니다. 극단적인 경우 헤드라인만 보고 이탈할 수도 있습니다. 헤드라인은 간단하고 강력한 단어를 사용합시다.

자료의 다운로드라면 단순히 콘텐츠의 헤드라인만 보이는 것보다 '무료'나 '기간 한정' 등의 키워드를 넣는 것이 효과적입니다.

## 2. 본문

헤드라인 및 본문의 역할은 랜딩페이지 유저의 전환율(Conversion Rate)을 촉진하기 위한 것입니다. 전환률을 촉진하기 위해서도 본문은 유저의 성격에 맞게 간단하고 명료한 단어를 사용합시다. 헤드라인처럼 반드시 유저의 관점에서 본문을 만듭니다. 랜딩페이지의 메시지는 아무리 주의해도 의도하지 않게 판매자 관점이 되기 쉽습니다.

헤드라인 및 본문에서는 랜딩페이지에서 제공하는 제품이나 서비스가 '유저의 어떤 문제를 해결할 수 있을까?' '유저의 어떤 흥미와 관심을 충족시킬 수 있을지?'를 제대로 설명하지 않으면 안 됩니다.

## 3. 이미지

이미지가 주는 시각적 효과는 텍스트보다 훨씬 큽니다. 레스토랑 메뉴에서도 사진이 있는 메뉴는 잘 팔립니다. 랜딩페이지도 동일합니다. 랜딩페이지에서 제공하는 정보·제품·서비스의 내용과 관련해 유저가 랜딩페이지의 내용을 제대로 이미지할 수 있는 사진을 게재합시다.

사진 이미지는 표제·본문의 내용을 충분히 발휘하는 것일까? 반복해서 확인해주었으면 합니다.

### 4. 레이아웃

랜딩페이지의 레이아웃은 간단한 것이 좋습니다. 유저는 단 몇 초 사이에 랜딩페이지를 보고 이탈 여부를 결정합니다. 당연히, 심플하게 정리된 레이아웃이 랜딩페이지의 전환율(Conversion Rate)을 높일 수 있습니다.

### 5. 배너 및 메뉴

랜딩페이지를 만드는 목적은 무엇입니까?

랜딩페이지의 목적은 예상 고객의 리스트를 획득하는 것입니다. 유저에게 필요한 정보는 랜딩페이지만으로 완결시켜야 합니다. 링크에 의해 유저를 다른 페이지로 이동시켜서는 랜딩페이지로 돌아오지 않습니다. 랜딩페이지에는 여분의 링크는 불필요합니다. 배너 및 메뉴바 등의 링크도 최소한으로 해야 합니다.

메뉴바 또는 배너를 삭제하는 것만으로 1% 가까이 전환율이 높아진다는 통계가 있습니다. 랜딩페이지에서 필요한 정보를 완결시키고 링크 또는 배너를 최대한 배제하는 것이 철칙입니다.

### 6. 등록 폼

등록 폼을 작성할 때 고객의 성별, 나이, 주소 등을 요구하고 싶어집니다. 그러나 항목이 많을 경우 입력하는 번거로움으로 이탈하는 방문자가 많습니다. 이것은 기회 손실입니다. 등록 폼의 항목은 최소화할수록 좋습니다. 독자 등록 및 해지 표시도 해두어야 합니다.

## SNS 마케팅 실전 강좌

아래 내용을 입력한 후 「발송」을 클릭하세요.

◉ 등록    ○ 해지

메일주소 [　　　　　　　　　　]
이름　  [　　　　　　　　　　]

**CLICK HERE**

MARKETiNG

측정은
뛰어난 랜딩페이지를
만드는 지름길

랜딩페이지에서 가장 중요한 지표는 전환율입니다. 전환율은 랜딩페이지의 등록자 수를 방문자 수로 나누어 산출합니다. 즉 랜딩페이지 하루 방문자 수가 1,000명인데 잠재 고객의 데이터가 100명씩 쌓인다면 전환율은 100/1000=10%입니다. 100명의 잠재 고객 중에서 10명의 구매 고객이 발생한다면 구매 전환율은 10/100=10%입니다.

유입자 수 X 잠재 고객(리드) X 구매 전환율 = 매출

온라인비즈니스에서 당신이 계측해야 할 숫자는 오직 이 3가지뿐입니다. 이 3가지 숫자를 정기적으로 계측하면서 가장 부족한

부분부터 개선해나가기 바랍니다. 왜냐하면 시스템이란 전체를 만드는 부분의 조합이라고 볼 수 있는데, 가장 부족한 부분에서 시스템의 완성도가 결정되기 때문입니다. 또 부족한 부분은 이미 잘하는 부분보다 개선하기도 쉽고, 조금만 개선해도 결과는 크게 달라지기 때문입니다.

비즈니스 방정식은 곱셈이기 때문에 어느 하나가 0이라면 매출은 0이 됩니다. 가령 아무리 잠재 고객을 많이 모아도 구매전환율이 0이면 매출은 0입니다. 그러나 숫자가 조금만 개선되어도 비즈니스는 폭발적으로 늘어납니다. 비즈니스는 덧셈이 아니라 곱셈이라는 사실을 기억하시기 바랍니다.

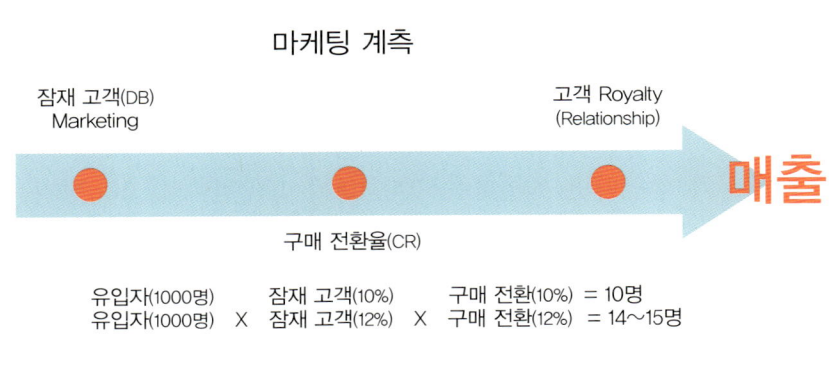

이 3가지 숫자를 일주일 단위로 계측하면서 랜딩페이지의 평균 전환율이 높아지도록 랜딩페이지의 수정·개선을 반복합시다. 랜딩페이지는 당신의 온라인비즈니스에 이익을 창출시키기 위한 완벽한 도구입니다. 용도별로 랜딩페이지를 운영하면 더 많은 잠재 고객을 확보할 수 있습니다.

MARKETING

# 효과적인 랜딩페이지의 공통적인 구성 요소

## 1. USP

USP는 Unique Selling Proposition의 약자인데 'Proposition'은 '제안'이라는 뜻입니다. 간단히 말하면 '독자적인 판매 제안'이라 할 수 있습니다. USP는 성공한 다양한 광고 캠페인이 가진 공통된 패턴을 설명하는 것으로, 1940년대 TV 광고의 선구자인 로사 리브스 씨가 제창한 것입니다.

로사 리브스 씨는 《Reality in Advertising》이라는 저서에서 USP를 다음과 같이 설명했습니다.

• 모든 광고는 고객에게 제안하는 것이어야 한다.

• 제안은 라이벌이 따라 할 수 없거나 제공할 수 없는 독자적인 것이어야 한다.

• 제안은 대중을 움직일 정도의 매우 강력한 것이어야 한다.

그저 말을 잘하는 것도 아니고 자신의 상품을 자랑하기만 하는 것도 아니고 전시 상품과 같은 것도 아니라는 뜻입니다. 모든 광고는, 광고를 보는 사람들이 명백하게 제시된 이익을 얻기 위해 이 상품을 사야 한다는 점을 표현해야 한다는 것입니다. 그야말로 당신의 상품만이 가진 독자적인 면을 강조해야 한다는 뜻입니다. USP는 랜딩페이지를 성공시키는 데 빼놓을 수 없는 요소입니다.

예를 들어 애플의 아이폰 6의 USP입니다.

'Bigger than bigger'

'크기보다 더 크게 진화'

역대 아이폰에 비해 크기가 크다는 것을 강조하면서도 지금까지는 없었던 얇기나 다양한 기능을 강조한 USP입니다.

아이폰 팬이라면 꼭 한 번 만져보고 싶다고 생각할 만한 표현입니다. 현재 USP는 캐치 카피를 통해 표현되는 것으로 생각하는 경우가 많은데 USP는 랜딩페이지의 전체적인 표현을 생각할 때의 토대나 근거가 되는 것이라 할 수 있습니다.

당신의 랜딩페이지에서 전할 수 있는 USP가 되는 메시지가 무엇인지 다시 한 번 생각해보시기 바랍니다.

## 2. 헤드라인

헤드라인은 간단히 말하면 가장 큰 제목이라 할 수 있습니다.

'광고의 아버지'라고 불린 데이비드 오길비 씨는 "헤드라인은 본문보다 5배는 더 읽힌다"고 했습니다. 그 원칙은 지금도 여전히 유효합니다. 또한, 바쁘게 생활하는 현대에는 주의를 집중하는 시간이 짧아지고 있습니다.

처음 랜딩페이지를 방문했을 때 단번에 페이지의 취지를 이해할 수 있는 헤드라인을 만드는 것이 더욱 중요해졌다고 할 수 있습니다. 랜딩페이지 방문자의 관심을 끌어 페이지의 내용을 읽게 하려면 어떻게 해야 하는지 생각해야 할 것입니다.

## 3. 소제목

헤드라인은 짧아야 합니다. 헤드라인은 길면 길수록 읽기 힘들고 직감적으로 내용을 파악하기 어려워집니다. 따라서 헤드라인을 짧게 만들고 그것을 보충해주는 것이 소제목입니다. 소제목은 기본적으로 헤드라인 밑에 살짝 작은 글씨로 씁니다. 소제목을 잘 활용하면 헤드라인만으로는 전달하지 못한 이익을 확실하게 전달할 수 있습니다.

## 4. 본문

본문은 랜딩페이지의 본문을 말합니다.

일반적인 문서는 정보를 전달하거나 즐기도록 하는 것이 목적이지만, 랜딩페이지에서의 문서의 목적은 방문자가 당신이 원하는 단 한 가지 행동을 취하게 하는 것입니다.

랜딩페이지의 문장을 쓸 때는 다음의 3가지 점을 염두에 두면 좋을 것입니다.

### 1) 명확성

간단하게 표현해야 합니다. 타겟 고객이 사용하는 단어를 사용하고 쓸데없는 전문용어나 업계용어는 쓰지 않아야 합니다.

### 2) 신뢰성

실태를 무시한 과장된 표현이나 내용은 쓰지 않아야 합니다.

### 3) 초점

초점은 방문자에게 맞춰야 합니다. 방문자에 대해, 방문자의 고민에 대해, 방문자가 얻게 될 이익에 관해 쓰도록 합시다.

### 5. 베네핏(이익)

베네핏은 고객이 당신의 상품이나 서비스를 통해 얻을 수 있는 이익이나 좋은 결과를 말합니다.

'이 상품 또는 서비스를 사용함으로써 지금보다 자유로운 생활을 할 수 있게 된다'는 것이 베네핏입니다. 그런데 베네핏과 상품의 '특징'을 혼동하기가 쉽습니다. 특징이란 상품이나 서비스의 기능적인 측면을 설명한 것입니다.

예를 들어 '스마트폰을 통해 언제 어디서든 배울 수 있다' 이것은 특징입니다. 물론 특징도 중요하지만, 보다 호소력이 강한 랜딩페이지를 만들려면 반드시 베네핏을 전달하도록 합시다.

베네핏은 다양한 형태로 랜딩페이지에 표현할 수 있는데, 문장으로 된 하나의 단락이 베네핏을 다루는 것일 수도 있고 헤드라인이나 소제목 안에 넣거나 '블릿'이라고 하는 형식으로 표현할 수도 있습니다.

사진을 통해 표현할 수도 있습니다. 예를 들어 '가족과의 행복한 시간을 되찾을 수 있다'는 베네핏이라면, 가족과의 행복한 모습을 연상할 수 있는 사진을 사용할 수 있습니다.

### 6. 사진이나 동영상

랜딩페이지를 보다 효과적으로 만들어주는 것이 사진과 동영상입니다. 랜딩페이지에 사진이나 동영상이 없는 경우도 있지만, 대부분의 경우 사진이나 동영상은 랜딩페이지의 목적을 달성하는 데 많은 공헌을 합니다.

또한, 사진은 눈길을 사로잡는 역할을 하며 하나의 단락마다 사진을 하나씩 넣으면 단락에 적혀 있는 내용을 정리해줄 수도 있습니다. 상품 사진을 넣거나 상품을 사용하면 어떻게 되는지를 보여주는 데 사용할 수 있습니다.

요점은 사진을 사용해 자신이 의도한 이미지를 갖게 하는 것, 또한 상상해보도록 하는 것입니다

### 7. Call to Action

'Call to Action'은 방문자가 취했으면 하는 행동을 촉구하는 것입니다. 정보 등록 양식이나 버튼을 설치해 랜딩페이지의 목적이 이루어지도록 하는 것입니다. 예를 들어 버튼이나 양식을 설치하는 것입니다.

### 8. 사회적 증명

더 높은 확률로 방문자가 행동하도록 하려면 당신이 랜딩페이지에서 하는 말이 진짜라고 믿게 해야 합니다. 그러기 위해 추천, 사용자 후기 등을 기재할 수 있습니다

이 경우 믿을 수 있는 매체에 소개된 적이 있다면, 사회적 증명의 역할을 합니다.

이런 식으로, 유망 고객을 모집하거나 어떠한 상품을 판매하기 위한 랜딩페이지를 만들 때 지금까지 말씀드린 요소를 확실하게 적용해야 할 것입니다. 블로그나 페이스북에서 그 상품을 사용해본 사람들의 의견, 후기가 구매에 얼마나 많은 영향을 주고 있는지 인터넷마케팅의 세계를 보면 더 명확히 알 수 있습니다.

### MARKETING

# 모바일 랜딩페이지 대응을
# 우선으로

앞으로 더욱 중요해질 모바일 랜딩페이지 대응에 대한 내용입니다. 많은 사용자가 모바일에서 콘텐츠가 잘 안 보이면 나가버립니다. 랜딩페이지 역시 "모바일에서 읽기 힘들면, 71.2%가 무조건 나가버리고, 약 4.2%만이 어떻게든 모바일에서 읽는다"고 합니다.

PC에서 열 때와 모바일에서 열 때, 화면에 맞게 바뀌도록 모바일 화면에 최적화해 자료를 구성해야 합니다.

PC에선 콘텐츠가 깔끔하게 보이는데 모바일에선 똑같은 화면이 축소돼 보이기 때문에 글자를 알아보기 힘들고 때론 두 손가락으로 모바일 화면 내 콘텐츠를 확대해서 보아야 하거나, 이미지가 PC에선 잘 보여도 모바일에선 깨지는 경우가 생깁니다.

최근에는 대부분 반응형 템플릿을 쓰는데, 반응형 템플릿을 사용하지 못하는 경우라면 무조건 모바일을 우선시하라고 권합니다. 모바일에서 잘 보이면 PC에서도 잘 보이지만, PC에서 잘 보인다고 모바일에서 잘 보이는 경우는 아니기 때문입니다.

모바일 랜딩페이지 주의할 점 2가지
- 배경 이미지
- 입력공간

먼저 배경 이미지입니다. 컴퓨터에서는 선명한 초록색이 눈에 띄었는데, 스마트폰에서는 색상이 흐릿해지고 배경 이미지도 컴퓨터와는 달리 무슨 이미지인지 알아보기가 어려워지기도 합니다.

컴퓨터용 배경 이미지를 적절하게 축소하기 힘들 경우 이러한 형태가 될 수 있습니다. 만약 적절하게 축소할 수 없다면 다른 배경 이미지를 띄우거나 배경 화면을 없애고 배경을 단색으로 설정하는 것이 좋습니다.

두 번째로 입력란 사이사이의 공간이 너무 넓거나 좁지 않게 하는 것이 중요합니다. 일반적으로 스마트폰 사용자들은 작은 화면 안에 표시되는 영역이 한정돼 있기 때문에 공간에 민감합니다. 컴퓨터라면 어느 정도 불필요한 공간이 있어도 되지만, 스마트폰에서는 불필요한 공간을 인식하게 됩니다. 고객 입력 양식과 양식 사이에 공간이 넓으면 입력해야 할 항목이 많은 것처럼 보이게 되거나 무의식중에 입력할 항목이 많다고 느끼게 됩니다. 스마트폰에서는 특히 공간을 신경 써야 합니다.

## MARKETING

# 랜딩페이지형
# 레스토랑 오픈 전단지로
# 1,500명 고객 확보

 랜딩페이지가 반드시 온라인이어야만 되는 것은 아닙니다. 오프라인 광고의 다양한 매체를 랜딩페이지로 만들 수도 있는데, 전단지를 랜딩페이지로 활용했던 오프라인 자동판매 시스템 사례를 소개하겠습니다.

 수원시 권선구 고색동에 있는 고기와 수제 맥주, 커피숍을 한곳에 모은 개념의 한 레스토랑은 수원역에서 택시 기본요금 정도의 거리, 대로변에서도 200M 이상 들어가 있어서 눈에 띄지 않는 위치에 있었기 때문에 지나가는 사람들이 레스토랑을 찾아오기에 어려운 곳이었습니다. 그러나 일단 찾아오면 넓은 주차시설, 12M 높이의 탁 트인 천정, 친절한 서비스와 맛, 학창시절의 향수를 자극하는 다양한 POP 메시지, 다양한 슬로건과 소품들로 고객만족도는 높습니다. 따라서 반드시 의도적으로 찾아오도록 하는 것이 중요했고, 더 중요한 것은 한번 온 고객을 두 번 세 번 재방문하도록 장치를 만드는 일이었습니다.

그래서 만들어진 오픈 기념 전단지. 반응은 15,000장 배포, 1,500명의 고객 확보. 전단지를 배포하는 방법은 직투 방법을 취했습니다. 최근 전단지의 반응률이 1,000장 뿌려 1~3건의 반응이라 할 정도로 반응이 떨어지다 보니 이전처럼 전단지 광고를 많이 하지 않는 것 같습니다. 그래서 오히려 지금이 전단지로 효과를 볼 좋은 기회이기도 합니다. 경쟁이 없으니 눈에 띌 확률은 올라가죠.

전단지의 반응이 떨어지는 이유는 지금 바로 물건을 팔려고 하기 때문입니다. 대부분의 전단 광고가 상품 소개와 가격, 이미지만을 알리고 있는데, 고객에게 도움이 되는 정보나 거부하기 어려운 매력적인 특전을 제공하면 전단지의 반응도 올라갑니다.

가령 오픈 기념 선물 같은 것을 제공하는 것인데, 레스토랑의 경우는 오픈 기념으로 무료 식사쿠폰이나 가격 할인과 같은 특전으로 준비합니다.

종전의 전단지는 쿠폰이나 실선으로 특전안내를 했지만, 특이했던 점은 전단지에 스텝 문자 솔루션을 결합했다는 점입니다.

스텝 문자는 방송국에서 주로 사용하는데 "사연을 #000-0000으로 보내주세요!"라는 것 들어보셨죠? 특정 #번호를 지정해서 그

번호로 문자를 보내면 선물 당첨결과를 1분 이내에 문자로 받아볼 수 있는 솔루션입니다.

오픈 기념 이벤트!
1등 000 외식권 100만 원 1명
2등 000 외식권 50만 원 10명
3등 000 외식권 30만 원 300명
4등 등심 2인분 400명
5등 야채 비빔면 무료식사권 9,289명

전단지에 스텝 문자를 결합한 형태의 랜딩페이지입니다. 전단지를 보고 이벤트에 참여하는 순간 잠재 고객의 이름과 전화번호가 확보됩니다. "축하합니다. 5등에 당첨되었습니다. ○월○일 오픈하니 시식하러 오세요." 당첨 결과 문자는 자동으로 세팅되어 발송됩니다. 이제부터가 중요합니다. 당첨되었다 해도 모두가 매장을 방문하는 것은 아니기 때문에 오픈 하루 전에 한 번 더 문자를 보냅니다. 팔로우 문자를 통해서 다시 한 번 매장으로 방문하도록 유도하는 것입니다.

지금은 모두가 바쁘고 너무 많은 정보 속에 살고 있어서 잊히기 쉽습니다. 잊힌다는 것은 선택받지 못하게 된다는 뜻입니다. 내 상품이 아니어도 내 매장이 아니어도, 선택할 매장이 넘치도록 많아서 고객의 기억에 항상 기억되도록 연락을 취하는 것이 필요합니다.

고객의 정보가 있다면 언제든지 연락을 취할 수 있습니다.

가령 비가 오는 날이라면 다음과 같은 문자를 보낼 수도 있죠.

○○님
안녕하세요. 어젯밤부터 강풍과 함께 비가 내렸는데 다행히 지금은 비가 조금 그쳤네요.
○○님은 별일 없으시겠죠?
비 오는 날에 내점하시는 고객을 위해 특별 쿠폰을 발행하겠습니다.

전 코스 10,000원 할인.

전화로 예약하실 때 비 오는 날 쿠폰을 이용하시겠다고 직원에게 전해주세요.

○○님의 방문을 진심으로 기다리고 있겠습니다.

(매장명, 이름)

○○님.

안녕하세요.

무더위가 기승입니다. 시원한 맥주로 더위를 날려보세요!

오늘(○월 ○일) 주문하실 때 이 쿠폰을 보여주시면 생맥주 한 잔을 무료로 서비스하겠습니다^^

(매장명, 이름)

○○님.

오늘 ○월 ○일은 여성 우대의 날.

여성 고객 또는 여성과 동반하시는 고객님께만 드리는 서비스.

디저트 또는 아메리카노가 무료!

주문하실 때 이 문자를 보여주세요.

(매장명, 이름)

> 생맥주 1잔 무료 서비스！！
> 항상 감사합니다. ○○○입니다.
> 이번 주말까지 이 문자를 보여주시면 시원한 생맥주 1잔 무료!
> 단체로 오셔도 각각 한 분씩 1잔이 무료! 방문을 기다리겠습니다.
>
> (매장명, 이름)

수많은 음식점 중에서 당신의 가게에 다시 방문하게 하려면 '고객이 재방문해야 하는 이유'를 전달해야 합니다.

많은 가게가 '단골 고객'을 모으기 위해 포인트 카드 등을 사용하는데, 그럼에도 회원 유치에 어려움을 겪고 있습니다. 그런 상황 속에서 소비자 스스로 '회원'이 되기를 자청하는 선술집이 있습니다.

회원제도로 고민하는 분이라면 참고하세요. 이 정도 회원제도라면 확실하게 단골 고객이 될 수밖에 없어 보입니다. 일본 사례입니다.

그 ○○ 선술집은 회원을 '○○섬의 섬 주민'이라고 합니다.

먼저 처음 가게를 방문한 고객에게 "○○섬의 섬 주민이 되지 않겠습니까?"라고 말하고 섬 주인 특전이 포함된 전단지 겸 신청서를 나눠주고 있습니다.

섬사람 혜택은 여러 가지가 있지만, 그중에서도 가장 인기를 끄는 것은 언제라도 생맥주 첫 잔 299원입니다.

대부분의 고객들은 이러한 혜택에 매료되어 섬 주민이 될 것을 결심합니다. 신청서에 기재하는 내용은 이름·주소·연락처·메일 주소·생일 5가지 항목입니다.

신청서를 쓰면 잠시 후, 직원이 비닐 커버에 들어간 'ㅇㅇ섬 주민표'를 가지고 와서 그 자리에서 "축하합니다! ㅇㅇ님은 오늘부터 ㅇㅇ섬의 주민이 되었습니다!"라고 활기차게 발표합니다.

그러면 주위의 고객으로부터 박수를 받습니다. 가게가 하나가 되는 순간입니다.

이 발표를 하면 어김없이 다른 분들도 목소리를 낸다고 합니다. "저도 섬 주민이 되고 싶은데 어떻게 해야 하나요?"라고. 그러면 직원은 "기다리고 있었습니다"라는 듯이 신청서를 들고 조금 전의 설명을 반복합니다.

이 정도의 장치로 하루에 평균 5명(많을 때는 10명 이상)의 회원(리스트)을 획득하고 있습니다. 덧붙여서, 책자 형식의 주민 표에는 섬에서의 규칙과 점주·직원의 소개 페이지에 추가해 플러스 포인트 카드 란도 있습니다. 즉, 포인트 카드의 역할도 수행하고 있다는 것입니다.

또한, 재미있는 것은 처음 섬 주민이 된 고객은 주민표와 함께 주민 배지를 선물합니다. 이 배지는 총 7가지 종류로 한번 가게에 올 때마다 다른 배지를 선물합니다. 즉, 7가지 모두를 모으고 싶으면 최소한 7번 내점해야 되는 것입니다.

그 가게의 전략에 빠져 특히 수집 습관이 있는 남성 고객들은 배지를 갖고 싶어서 정기적으로 가게에 온다고 합니다.

그리고 7번째 배치를 받은 고객은 도민의 최고 영예인 ○○섬 해피셔츠를 선물합니다. 등에는 매장명 로고 '○○섬 섬주민'라고 쓰인 빨간 해피셔츠를 입고있으면, 굉장히 눈에 띕니다. 입고 있는 본인은 우월감에 잠길 수 있으며, 해피셔츠를 갖고 있지 않은 주위 고객의 흥미를 자극합니다.

배지와 해피셔츠는 남자의 마음을 자극하는 장점 이외에, 입소문 효과를 낳고 있습니다. '선술집 ○○' 가는 날에는 반드시 새빨간 해피셔츠를 입고 있기 때문에, 회사에서도 화제입니다.

"○○씨, 그것은 무엇입니까?" 이런 대화가 생겨나는 경우가 많으며, 각각의 주민이 가게의 선전탑이 되어주고 있습니다.

또한, 주민에게 매월 '뉴스레터'(수작업한 흑백 8페이지)를 보냅니다. 그 지면에는 그달의 행사와 인기 상품, 새로운 제도의 소개 등이 나와 있습니다. 이 뉴스레터로 인해 섬 주민끼리 사이가 좋아지고, 업종끼리 업무 교류가 생겨나기도 합니다. 또한 주민 게시판을 개설해 다양한 정보를 교환합니다. 가게 밖에서 정기적인 이벤트를 개최합니다.

'○○섬 홈페이지'에 주민의 자기소개도 게재되어 있습니다(희망자에 한함). 홈페이지에는 하나의 섬을 게재하고 그것을 분할해 각각의 토지를 각각 섬사람 소유 구역으로 하자는 생각도 있는 것 같습니다. 물론 영리 목적이 아닌 단지 '○○섬 주민'임을 즐겨달라는 것이 목적입니다.

또, 매월 1회, '섬주민의 날'을 설정합니다. 그날은 입구에 '오늘 휴점'이라고 붙여 일반인은 접수하지 않습니다. '주민의 날'은 평소의 성원에 감사하는 의미도 담고, 모든 메뉴가 반값이 됩니다. 여기에서는 '주민회의'도 개최됩니다. 가게에 바라는 점이나 개선 사항 등의 의견 교환을 하는 것입니다.

가게만의 자기만족에 그치지 않고 도민의 의견도 들으면서 '○○섬'을 운영하고 있는 것입니다.

장난기 가득한 술집 ○○회원 조직. 철저한 준비와 소품 장난스러운 마음으로 고객을 유치하고 이 가게밖에 없는 가치를 만들어내고 있습니다. 그다지 큰 비용을 들이지 않고 가상의 '즐거운 공간'을 만들고 있을 뿐이지만, 남성을 중심으로 손님들이 매료되어 모여들고 있습니다. 현대의 희박한 인간관계나 사회도 영향을 주고 있는지도 모릅니다. 지금은 대부분 선전할 필요가 없이 기존의 도민이 신규 회원을 데리고 오는 선순환이 실현되고 있습니다.

어떻습니까? 이왕이면 이렇게 철저한 즐거운 멤버십을 만들어도 좋지 않을까요?

MARKETING

바보의 훈수
#2

랜딩페이지는 인터넷 마케팅을 하려면 꼭 필요합니다. '랜딩은 착지한다'는 뜻입니다. 랜딩페이지는 말 그대로 방문자가 찾아와서 등록·구입 등 당신이 원하는 단 한 가지 행동을 취하도록 만들어진 페이지입니다.

여러분 중에는 이미 랜딩페이지를 갖고 계신 분들이 많을 것이고, 혹은 앞으로 랜딩페이지를 만들 예정인 분들도 계실 것입니다. 막상 랜딩페이지를 새로 만들려면 좀처럼 아이디어가 떠오르지 않거나, 랜딩페이지를 만들 때 웹 제작 업체에 부탁하는 경우가 많을 것입니다. 하지만 어떻게 만들어야 하는지에 대한 확실한 이미지도 없이 제작 업체에 맡기는 분들도 많은 것 같습니다

뛰어난 랜딩페이지를 만들기 위해서는 가능한 한 많은 패턴을 알아야 합니다. 잘 팔리는 랜딩페이지의 공통적인 구성 요소와 다양한 랜딩페이지의 사례를 말씀드렸습니다.

랜딩페이지는 유망 고객이 등록하게 하기 위해, 그리고 모아들인 유망 고객이 구매하게 하기 위해 인터넷 마케팅에서는 빼놓을 수 없는 페이지입니다.

경영자는 기술적인 부분까지 알아야 할 필요는 없지만, 핵심적인 개념이나 느낌은 알아둬야 합니다. 웹 페이지 제작 회사가 완성된 페이지를 보여줬을 때 당신이 하는 말 한 마디와 아이디어가 랜딩페이지의 완성도를 더욱 높여줄 것입니다.

지금까지 랜딩페이지의 중요성에 대해서 말씀드렸습니다. 랜딩페이지는 모객에 있어서 필수 도구입니다. 없으시다면 반드시 준비하시기 바랍니다.

확실한 2가지 종류의 랜딩페이지를 준비하시기 바랍니다.

예상 고객을 모으기 위한 랜딩페이지와 실제로 제품과 서비스를 판매하기 위한 세일즈 랜딩페이지입니다.

결과적으로 이 2가지의 프로세스에 의해 여러분의 서비스와 상품은 아주 효율적으로 판매될 수 있는 것입니다. 아주 중요한 개념이므로 확실히 기억하시기 바랍니다.

\* 비즈노 컨설팅의 랜딩페이지 3가지 패턴을 보시고, 랜딩페이지의 3NO(1. NO READ  2. NO BELIEVE  3. NO ACTION) 즉, 읽지 않는다, 믿지 않는다, 행동하지 않는다를 극복하기 위한 타이틀과 서브타이틀, 본문, 고객이득, 동영상, 고객 입력폼을 참고하시기 바랍니다.

# PART 3

## 자동으로 판매하기 위한 세일즈 페이지 구축하기

# MARKETING

## 지금 바로 판매로 이어지는
## 세일즈 페이지

### 1. 세일즈 페이지의 목적

세일즈 페이지는 프로 카피라이터가 쓰는 능숙한 문장이 아니면 안 된다고 생각하기 쉽지만, 그렇지 않습니다. 세일즈 페이지의 문장은 스텝을 밟아 쓰면 누구라도 가능합니다.

내용은 예상 고객의 감정에 호소하는 것입니다. 당신의 웹사이트를 방문한 예상 고객은 당신의 상품에 아직 반신반의입니다. 그러므로 세일즈 페이지의 목적은 예상 고객의 심리적 장벽을 낮추는 것에 있습니다. 그러나, 카피라이팅 경험이 없는 분들이 처음부터 완벽한 세일즈 카피를 쓰는 일은 쉽지 않을 것입니다. 카피라이팅을 전공하지 않아도 카피를 써본 경험이 없어도, 마케팅 전문가들의 오랜 세월 심리학적인 분석을 통한 효과적인 세일즈 페이지의 작성 순서대로 요소를 구성해나갈 방법을 소개합니다. 세일즈 페이지는 창작이라기보다는 어디까지나 퍼즐을 조립해나가는 것에 가깝습니다.

## 2. 세일즈 페이지의 구성 요소

- 헤드 카피
- 바디 카피
- 클로징 카피

3가지입니다.

바디 카피는 문제 제기·선동카피, 이익, 증거, 신뢰성 카피, 오퍼로 나누어집니다. 클로징 카피는 보증, 행동을 재촉하는 카피, 상품 신청 폼, 추신으로 나누어집니다.

## 3. 세일즈 페이지의 작성 스텝

### ① 헤드 카피

헤드 카피의 목적은 예상 고객의 관심을 끄는 것입니다. 그리고 바디 카피를 읽게끔 유도하는 것입니다.

② 바디 카피

'문제 제기·선동 카피'는 헤드 카피를 읽고 관심을 가져준 예상 고객을 당신 상품의 설명 부분까지 끌어들이는 것입니다. 헤드 카피와 '문제 제기·선동 카피'는 세일즈 페이지에서 가장 중요합니다. 처음 세일즈 페이지를 쓰시는 분은 '문제 제기 → 선동 → 문제해결' 타입이 쓰기 쉽습니다.

문제를 제기하고 해결되지 않으면 너무나 비참한 꼴을 당할 것이라고 선동합니다. 이 '문제 제기·선동 카피'로 예상 고객을 문장으로 끌어들이는 것입니다.

다음은 해결책 제시입니다. 여기서 처음으로 자기소개를 합니다. '문제 제기·선동 카피'로 끌어들이고 나서 자기소개를 하는 것이 기본입니다. 물론 자기소개는 당신이 그 분야의 전문가인 것을 전합니다. 해결책의 제시는 당신의 상품을 사용하면 예상 고객이 안고 있는 문제가 해결될 수 있다는 것을 문장으로 표현하는 것이 중요합니다. 아직 이 시점에서 예상 고객은 의심하고 있습니다. 여기서 '고객의 소리' 혹은 권위 있는 제삼자로부터의 '추천문'을 넣습니다. 사람은 제삼자의 소리를 신용하는 경향이 있습니다. 카탈로그나 신문, 전단지에 고객의 소리가 들어가 있는 것이 그러한 이유입니다.

여기까지 읽은 고객은 당신과 당신의 상품에 대해 조금은 이해했고, 혹시 자신이 안고 있는 문제를 해결해줄지도 모른다고 생각합니다.

　다음은 당신의 상품에 대한 이익의 설명입니다. 여기서 중요한 것은 상품의 특징을 질질 늘어놓아서는 안 된다는 것입니다. 예상 고객은 당신 상품의 선전을 듣고 싶지 않습니다. 이 상품을 사용하면 고객에게 어떠한 이점이 있는지를 쓰지 않으면 안 됩니다.

　다음은 오퍼입니다.

　세일즈 페이지는 미국에서 건너온 콘셉트입니다. 처음 미국의 다이렉트 마케팅, 특히 다이렉트 메일에서는 오퍼(선물)가 많이 사용되었는데, 예를 들어 타임지를 1년간 구독하면 책을 선물로 주는 것입니다. 인터넷 비즈니스에서는 오퍼가 반드시 들어가야 할 요소입니다. 무료는 동서양을 막론하고 누구나 좋아하는 것이기 때문에 오퍼를 사용하는 것은 효과가 있습니다. 일반적으로 가격을 내리는 오퍼보다 선물하는 오퍼가 반응이 좋습니다. 여기까지가 바디 카피입니다.

### ③ 클로징 카피

　클로징 카피는 문자 그대로 클로징을 강요하는 것입니다.

　우선 필요한 것이 '보증'입니다. 고객은 전혀 모르는 사람으로부터 상품을 구입하는 것이기 때문에 조금이라도 고객의 불안을 해소하기 위해서 '보증'을 붙입니다.

　보증에는 반품 보증, 1개월 무료 사용 후, 요금 후불 등이 있습니다. 불안을 완화시키고 난 뒤 '행동을 재촉하는 카피' 예를 들어 '지금 바로 주문해주십시오!'라는 카피를 넣습니다.

이때 처음으로 '상품 신청 폼'이 등장합니다. 마지막으로 잊어서는 안 되는 것이 '추신'입니다. 세일즈 페이지에서 가장 중요한 3가지의 요소는 헤드 카피, 오퍼, 추신이라고 할 정도로 추신은 중요합니다.

세일즈 페이지는 어디까지나 예상 고객의 심리적인 장벽을 낮추는 것이 목적입니다. 비즈니스적인 문장보다 고객의 감정에 호소하는 것이 필요합니다. 행동을 재촉하는 카피를 보다 효과적으로 하기 위해서라도 기간 한정의 오퍼, 할인, 수량 한정 등의 대책이 필요합니다.

### 헤드 카피

### 바디 카피

문제 제기·선동 카피 (문제점 제시)
(문제 선동)
(해결책 제시)
자기소개, 상품소개
신용성을 높임. (제삼자의 소리 고객의 소리, 추천)
이익 제시
오퍼

### 클로징 카피

보증
행동을 재촉하는 카피
상품 신청 폼
추신

**MARKETiNG**

# 세일즈 카피라이팅의 정석
## - PASONA -

지금부터 소개되는 PASONA 방식의 카피라이팅은 이미 효과가 검증된 구성으로, 지금 이 순간에도 전 세계의 프로 카피라이터들이 쓰고 있는 요소들입니다. 컨설팅하거나 직접 세일즈 카피라이팅을 써야 할 때 맨땅에서 창작하는 것이 아니라 PASONA 패턴을 따라 구성 요소를 채워나가는데, 무엇보다 효과적이고 신속하게 세일즈카피를 쓸 수 있다는 게 매력입니다.

상품에 대한 니즈는 있으나 브랜드 인지도가 없는 중소기업의 상품을 판매할 때 PASONA 형태의 문제 해결형 메시지가 유효합니다. 세일즈 페이지뿐만 아니라 광고, 전단지, DM, 간판 등에 다양하게 적용해볼 수 있습니다. 지금부터 소개되는 카피라이팅의 정석으로 불리는 PASONA를 따라 설득력 있는 세일즈 페이지를 구성해보시기 바랍니다.

> Process

**문제의 제기(P : Problem)**

예상 고객의 문제에의 공감

↓

**부추긴다(A : Agitate)**

그 문제가 어느 정도 괴로운 일인가?

그 문제는 어떤 문제를 일으키고 있을까? 등

↓

**해결책 제시(So : Solution)**

'상품이나 서비스, 특징과 이익'

'이것을 사면 어떻게 될까?'의 묘사

↓

**한정성의 설명(N : Narrow down)**

모두 손에 넣을 수 있는 것은 아니라는 것을 설명

↓

**행동시킨다(A : Action)**

구체적으로 고객이 취해야 할 행동을 쓰는 것이 중요

예상 고객이 안고 있는 문제, 고민에 대해 제대로 공감하는 것이 포인트입니다. 상품을 판매하는 사람으로서 반드시 지켜야 할 순서는,

공감 → 세일즈

물건을 파는 것이 아니라 고객의 문제나 고민을 해결하고 있다는 것을 고객에게 전하는 것이 판매하는 사람이나 세일즈 레터의 역할이라는 마인드가 필요합니다.

### 【P】 Problem(문제 제기)

우선 최초로 문제 제기로부터 시작하는데, 여기가 제일 중요합니다.

예를 들어,

「~로 고민되지 않습니까?」

「~으로 고생하고 있지 않습니까?」

「~이 불편하다고 생각하지 않습니까?」 등

고객이 잠재적으로 곤란해하는 것이나 고생하고 있는 것, 불편을 느끼고 있는 것 등을 명확히 하고 문제성을 깨닫게 합니다.

예를 들어보겠습니다.

- 최근 머리카락이 빠지고 있지 않습니까?
- 지금 사용하는 발모제는 정말로 효과가 있는 것인지 의심하고 있지 않습니까?

이런 식으로 문제점을 명확히 제시합니다.

## 【A】 Agitation(문제점을 부각) 동요·흥분

그리고 독자가 지닌 문제를 더 부추깁니다. 즉 문제를 상세하게, 구체적인 상황이나 객관적 숫자 등을 제시하면서, 독자로부터 '이 문제는 지금의 자신, 또는 향후의 자신에게도 일어날 가능성이 있는 문제다. 지금 바꾸지 않으면…'

고객의 고민이나 아직 깨닫지 않은 문제점을 지적하는 것으로 독자의 고민을 증대시킵니다.

최근 머리카락이 많이 빠진다고 느꼈을 때는 이미 당신의 머리카락은 젊은 시절보다 20% 정도 줄어들고 있습니다. 손상된 모근에서는 두 번 다시 이전과 같은 굵은 머리카락이 나오지 않습니다. 해마다 줄어드는 머리카락을 그대로 버려두면 대머리가 될 뿐입니다.

## 【S】 Solution(해결책과 증거를 제시)

이제 드디어 해결책을 제시합니다. 예를 들어 "그런 고민이라면 간단하게 해결할 수 있습니다", "그 증거로~" 등 팔고 있는 상품이나 서비스가 문제 해결에 도움이 되는 것을 명기해 그 증거를 나타냅니다.

판매하는 사람이 일방적으로 "이러한 해결책이 있습니다"라고 제시하는 것만으로는 신뢰를 얻기 어려우므로 그 해결책을 이미 사용한 고객의 소리를 활용하거나 제삼자로부터의 증거 서류를 제시하는 것으로 해결책의 신빙성을 높입니다.

여기까지 읽은 고객은 '대머리로 곤란해하고 있다'라고 상당히 의식하고 있을 것입니다.

여기서 해결 방법을 가르쳐줍시다.

'○○○'이 왜, 대머리에게 효과가 있는지?
'○○○'은 도대체 어떤 것인가?
↓
'○○○'은 성분 ●●이 모근을 자극해, 굵은 머리카락이 나는 것을 돕습니다.
매일 아침 머리에 바르는 것만으로 매우 간편하게 사용할 수 있는 발모 촉진제입니다.

그러나 'ㅇㅇㅇ'을 등장시켜도 고객은 아직 '사실인가…?'라고 의심하고 있습니다. 이때 체험담 등을 싣는 것으로 신뢰를 얻을 수 있습니다.

- 'ㅇㅇㅇ'을 사용한, 30대 남성 샐러리맨 S씨의 체험담
- 'ㅇㅇㅇ'을 사용한, 40대 남성 샐러리맨 A씨의 체험담

가능한 한 독자의 상황과 비슷한 체험담이 있으면 보다 마음이 움직입니다. "당신과 같은 상황으로 곤란해 처해 있었지만 ㅇㅇㅇ을 사용 후 해결되었습니다"와 같은 체험담을 씁시다. 물론, 당신 자신의 체험담을 쓰는 것이 제일 효과적이지만, 친구의 체험담이나, 인터넷에서 조사한 정보 등을 써도 상관없습니다.

'정말로 효과 있구나! 나도 한번 써볼까!'라고 생각할 수 있도록 독자가 ㅇㅇㅇ을 사용한 후에 얻을 수 있는 밝은 미래를 씁니다. 상품을 손에 넣는 것으로 얻을 수 있는 메리트는 될 수 있으면 10가지 이상 씁시다.

- 당신도 지금 바로 발모 효과를 실감할 수 있습니다.
- 더 이상 머리털이 빠지는 것을 걱정하지 않으셔도 됩니다.

## 【N】Nallow Down(긴급성)

상품에 흥미를 가진 독자라도 구입으로 연결시키기에는 조금 부족합니다. 긴급성 등을 연출해서 지금 독자가 이 기사를 읽고 있는 것이 특별하다는 생각이 들도록 합시다. 언제라도 구입할 수 있는 것이 아닌 한정감을 어필해 긴급성을 연출합니다. 한정성과 긴급성을 내세우세요. 왜 한정해야 하는지, 왜 긴급한지 그 이유를 쓰는 것도 좋을 것입니다.

- 이 상품은 사정상 수량(20개 한정)에 한계가 있습니다.
- 이 상품은 언제 재고가 없어질지 모릅니다.
- 저희 매장은 20% 할인으로 구입할 수 있는 유일한 매장입니다.
- 지금이라면 무료배송입니다.

여기에서는 독자가 '음… 이대로는 위험한데… 혹시 대머리…'라고 재인식하게 만듭니다. 지금 바로 해결하고 싶고 해결법을 알고 싶다고 생각하는 것이 중요합니다.

- 환불보증(만족할 수 없을 경우 전액 환불할 것을 약속)

보증을 약속해 안심감을 주는 것으로 구입, 주문을 재촉합니다. 또, 상품에 대한 자신감을 은근히 대변할 수 있습니다.

※ 물론 요금을 지불하는 경우도 있습니다. 다만 보증한 대로

약속은 반드시 지킵시다.

- 애프터 서비스(무료 수리 서비스의 제공이나 질문에 답하는 창구를 준비)

'구입 후 트러블이 있으면 어떻게 하지…'라는 불안을 없앱시다. 또, 상품을 판매하는 기업에 대한 신뢰감을 줄 수 있습니다.

### 【A】Action(행동)

마지막으로 고객이 해주기를 바라는 행동을 문장으로 씁시다. 이것을 쓰지 않으면 독자는 어떻게 해야 좋을지 잘 모릅니다.

- 지금 바로 주문하세요! ○○○-○○○○

Example

### 【P】Problem

당신은 탈모 때문에 고민하고 있지 않습니까?

### 【A】Agitation

탈모는 유전적인 요인도 있지만 식생활이나 스트레스도 원인이라고 합니다. 최근 머리카락이 많이 빠진다고 느꼈을 때는 이미 당신의 머리카락은 젊은 시절보다 20% 정도 줄어들고 있습니다.

손상된 모근에서는 두 번 다시 이전처럼 굵은 머리카락이 나오지 않습니다. 해마다 줄어드는 머리카락을 그대로 방치해두면 대머리가 될 뿐입니다. 다음은 ○○○을 사용해 실제로 발모한 체험담을 이야기합니다.

저는 38세의 샐러리맨입니다.
이전부터 머리숱이 점점 빠진다고 느끼고 있었지만 최근 아내에게 "혹시! 당신 대머리 아니야?"라는 소리를 듣고 위기감을 느껴 ○○○을 구입했습니다. ○○○을 사용하기 시작한 뒤 2개월 만에 머리카락이 나왔습니다. 새롭게 난 머리를 만지며 기뻐했던 일을 지금도 어제의 일처럼 생생히 기억합니다.
○○○은 성분 ㅁㅁ이 모근을 자극해 머리카락이 나는 것을 돕습니다. 매일 아침 머리에 바르는 것만으로 매우 간편하게 사용할 수 있는 발모 촉진제입니다. 3개 세트로 약 3개월분의 용량입니다.
저뿐이 아닙니다. 회사 동료에게 ○○○을 추천했는데 동료도 저와 같이 3개 세트를 구입해 매일 아침 머리에 바른 후 약 1개월 반에 효과를 보았다고 기뻐합니다.
당신도 새로운 머리카락이 나오는 것을 실감할 수 있으므로 더 이상 머리카락이 빠지는 것을 걱정하지 않으셔도 됩니다.

당사는 탈모 예방을 위해 오랜 세월 연구했고 모근 활성에 유효한 성분 ○○○과 생활 습관 개선 프로그램으로 수많은 고객에게 그 효과를 인정받고 있습니다.

이번에 특별히 3개월 집중 프로그램을 개발했습니다. 현재 이미 3,000명이 프로그램에 참여하고 있습니다.

이번에 특별히 탈모 때문에 고민하는 당신을 위해 1개월간 무료로 체험하실 수 있는 기획을 마련했습니다.

### 【N】Nallow Down (긴급성)

많은 분이 무료 체험을 이용하도록 하고 싶지만, 서비스의 질을 유지하기 위해서 이달 말일까지 선착순 50분 한정합니다.

### 【G】Guarantee (보증)

3개월간 사용 후 효과를 보지 못했을 경우, 전액 환불하겠습니다.

### 【A】Action (행동)

지금 바로 신청하세요!

신청은 010-xxx-xxxx　(09:00~21:00)

· · ·
― WORK―

세일즈 페이지의 구성 요소와 PASONA를 활용하면서 당신만의 세일즈 페이지를 작성해보시기 바랍니다.

1. 문제 제기

잠재 고객에 대해 문제를 제기합니다. 독자에게 "아, 이것은 나의 것이다!"라고 자신의 문제로 받아들이게 하기 위한 파트입니다. 당신은 어떤 문제를 제기하겠습니까?

2. 해결책 제시

문제 제기에 대해 "우리는 그 해결책을 당신에게 제공할 수 있습니다"라고 전하는 부분입니다. 상품 설명이나 USP(다른 경쟁 제품과의 차별화 포인트), 혹은 해당 상품을 손에 넣으면 고객이 어떤 생활을 손에 넣을 수 있는지, 어떤 메리트가 있는지를 소개합니다.

### 3. 걱정과 불안 증대

이 부분은 처음에 말한 문제 제기를 "그대로 두면 큰일 날지도 몰라요" 같은 스토리로 불안을 조장합니다. 당신은 어떤 스토리로 걱정과 불안을 조장하겠습니까?

## 4. 효과 증명

'권위 효과'를 이용하기 위해 권위 있는 사람으로부터 받은 추천서 등을 게재합니다. 또한, 타깃 층과 같은 기존 고객으로부터 후기나 감상을 명시합니다. 당신은 누구로부터 추천이나 후기를 구할 수 있습니까?(후기나 감상은 최소 5명 이상 모읍니다)

## 5. 혜택 제공

혜택과 서비스를 차례로 소개합니다.
당신은 어떤 혜택을 제공할 수 있습니까?(최소 3개 이상)

6. 보증

'반품 보증', '무료 교환 보장', '환불 보증' 및 '기술 지원', '애프터 서비스'에 대해 설명합니다. 당신은 무엇을 보증하시겠습니까?

7. 행동 촉구

어떤 행동을 취해야 하는지를 문장으로 알려줍니다. "문의하십시오" "자료 청구를 하십시오", "아래에서 신청해야 합니다", "점포에 방문해주십시오"라고 명확하게 알려줍니다. 당신은 잠재 고객이 어떤 행동을 취했으면 합니까?

### 8. 신청 양식

여기는 신청 입력 양식 부분입니다. 입력받을 항목을 적어보십시오.

### 9. 추신

세일즈 레터 중에서도 추신 부분은 정독률이 높은 곳이라고 전해지고 있습니다. '희소성, 한정성'의 기술을 이용하면서 고객에게 행동을 촉구하는 카피를 넣으면 효과적입니다.

예를 들어, "이번 특전은 ○월 ○일이 마감입니다. 서둘러 신청 바랍니다" "특별가격은 선착순 ○명으로 한정되어 있습니다. 지금 신청하십시오"와 같은 문구입니다.

당신은 어떤 추신을 쓰겠습니까?

MARKETiNG

# 세일즈 동영상으로
# 매출을 올리는 방법

지금까지의 쇼핑몰 페이지는 대부분 세로로 길게 표현되거나 텍스트와 이미지를 나열하는 방식이었습니다. 세일즈 페이지가 길면 인터넷 유저는 커서를 아래로 내리면서 페이지를 읽게 되는데, 순서대로 문장을 따라 읽는 것이 아니고 윗부분만 보거나 가격 부분만 확인하고는 나가버리는 일도 많습니다.

이런 방식은 전반적으로 효과가 떨어지고 있으며, 제작을 하기도 어렵고 시간이 오래 걸립니다. 반면 최근에 주목받고 있는 문장으로 만들어진 단순한 동영상 Video Sales Letter 즉, VSL이라고 불리는 동영상을 활용하는 마케팅 방법을 소개합니다.

VSL, 즉 비디오 세일즈 레터는 미국에서 약 7년 전부터 유행하기 시작했는데, 지금은 동영상마케팅 트랜드의 일부가 되었습니다. 일본에서도 3년 전부터 VSL 마케팅이 시작되었는데 그 결과는 1년에 걸쳐 모을 수 있는 고객을 한 달 만에 모으는가 하면 매출이 380% 이상 성장, 수익이 극적으로 개선되고 월 매출 3,000만 원에서 3억으로 성장하는 사례 등이 나왔습니다.

'비즈노 컨설팅'은 2015년 상반기에 VSL을 시작했는데 페이스북 광고를 병행하면서 1개월 만에 잠재 고객 1,500명을 확보, 월 매출 300%의 성과를 만들 수 있었습니다.

인터넷이라는 매체가 등장했을 때 네트워크에서 고객의 반응을 올리기 위해 마케터들은 연구를 했습니다. 어떻게 하면 신규고객을 모을 것인가? 구매 전환을 높일 것인가?

처음에는 회사소개서와 같은 홈페이지가 가장 많이 사용되었습니다. 홈페이지 하나에 다양한 메뉴의 링크를 거는 형태입니다. 그 후로 랜딩페이지 즉, 한 페이지에 길게 보여지는 패턴이 주로 사용되었고 이 패턴은 오랫동안 지속되었으며, 랜딩페이지를 이기는 패턴이 등장하지 못하고 있었습니다.

그러나 최근 스마트폰의 보급과 무선 와이파이의 보급으로 인터넷 유저들의 행동 패턴이 변하기 시작했습니다. 즉 유저들은 인터넷을 동영상을 시청하기 위한 목적으로 사용하게 되었고, 인터넷이 TV처럼 동영상을 시청하는 매체가 되었습니다. 마케터들은 새로운 가설을 세우기 시작했고, 이때 고안된 것이 VSL입니다. 최근 등장한 인터넷 마케팅의 가장 큰 변화라고 할 수 있습니다.

경험상 알겠지만, 인터넷 서핑할 때는 집중력이 매우 떨어집니다. 웹 페이지에 있는 문장 하나하나 읽지 못할뿐더러 읽기도 어렵습니다. 문장으로만 구성된 세일즈 페이지는 읽기 어렵다는 문제가 있습니다. PDF 파일을 읽을 때도 집중력이 떨어지는 것은 동일합니다. 문장만으로 구성된 세일즈 페이지의 한계입니다.

한편 동영상은 재생만 누르면 저절로 볼 수 있습니다. 동영상은 시각, 청각 양쪽에 호소하기 때문에 인터넷상에서 가장 중요하게 구축해야 할 라포르(rapport) 즉, 공감이 형성됩니다. 전달이 빠르고 친근감을 줍니다. 목소리를 통해 진실이 전달되고 그 사람에 대한 신뢰가 만들어집니다. 목소리를 통해서 이 사람이 나에게 물건을 팔려는 상술인지 진심으로 고객의 문제를 공감하고 해결해주려고 하는지를 알게 되면 신뢰가 생깁니다.

억양, 목소리 톤, 슬라이드 전환 등과 같은 미묘한 뉘앙스의 차이가 전달되는 것이 VSL의 가장 큰 장점이라 하겠습니다. 모든 문장을 순서대로 강제적으로 읽고 듣게 할 수 있습니다.

즉, 세일즈 프로세스를 컨트롤할 수 있다는 것입니다.

잠재 고객은 세일즈 페이지를 처음부터 끝까지 순서대로 읽지 않습니다. 헤드라인을 읽고 스크롤을 쭉 내려 읽어보고 가격을 찾습니다. 그리고 구매할지 말지를 결정합니다. 판매하는 사람에 대한 신뢰가 없는 상태에서, 상품의 가치를 잘 모른 채 상품에 대해 전달되는 정보가 가격 정도라면 판매하는 사람의 입장에서 매우 불리하겠지요.

'고객에게 설명만 잘할 수 있다면 구매할 텐데…', '상품의 가치를 제대로 전달하면 구매할 텐데…' 이런 생각을 하는 분이 계신다면 VSL로 판매하기에 최적의 상품이라 하겠습니다. 앞으로 VSL을 활용한 판매 방법은 그동안의 세일즈 페이지 이상으로 효과를 내줄 것입니다.

지금부터 세일즈 동영상, 즉 VSL처럼 단순한 문장으로 만들어진 영상을 통해서 당신이 취급하는 상품을 어떻게 인터넷에서 간단하게 그리고 많이 판매할 것인가, 안정적으로 신규고객을 확보할 것인가, 안정적인 매출을 올리기 위해서 어떻게 할 것인가, VSL을 만들 때 주의할 점과 마케팅에 활용하는 방법 등을 소개하겠습니다.

지금 VSL을 마케팅에 적용하면 경쟁사를 앞서갈 수 있는 절호의 기회를 잡을 수 있을 것입니다.

### 1. 세일즈 동영상 (VSL)을 만들 때 주의할 점

첫째, 기술적인 내용의 비디오는 만들지 말라는 것입니다. 예를 들어 사람이 나와서 강의하는 영상, 영상기술을 적용해서 잘 만든다고 반응이 좋은 것은 아닙니다. 미국에서도 문장으로만 구성된 단순한 VSL을 활용하고 있고 무엇보다 만들기 쉽습니다. 단순하므로 수정하기도 쉽습니다. 무엇보다 인터넷 비즈니스는 빨리 만들어서 테스트하는 것이 중요합니다.

또 한 가지 주의할 점은 비디오를 너무 짧게 만들지 말라는 것입니다. 비디오가 길면 보지 않으리라고 생각했지만 그렇지 않았습니다. VSL도 세일즈 페이지처럼 길어야 효과적이라는 사실을 알게 되었습니다. 56분짜리 세일즈 비디오가 반응이 좋았던 사례. 가장 히트했던 영상은 무려 77분짜리 영상이었습니다. 구매자가 구입을 결단하기에 필요한 정보를 충분히 전달해야 합니다. 구매할지 말지를 결정하는 고객의 입장에서 생각해본다면 충분히 정보를 전달하는 것이 필요합니다.

마지막으로 자신의 업종에서는 시기상조라고 생각하거나 관계없다고 생각하면 손해라는 점입니다. 콘텐츠, 교육 업종에서뿐만 아니라 어떤 업종에서도 가능합니다. VSL의 목적은 물건을 팔기 위함입니다. 즉, 판매해야 하는 업종이라면 모두 필요합니다. 왜 비즈니스를 하고 있는가? 타사와 다른 점은 무엇인가를 제대로 전달할 필요가 있겠습니다.

이 외에도 많은 메리트가 있습니다. 당신이 의도한 대로 순서에 따라 읽게 만들 수 있고, 당신의 목소리, 당신의 개성을 살려 심리적인 연결을 강화할 수도 있습니다. 무엇보다 세일즈레터, 일반 동영상을 만드는 것보다 간단합니다.

## 2. 세일즈 동영상 (VSL)을 만들 때 가장 중요한 포인트

VSL을 만들 때 잠재 고객에게 도움이 되는 콘텐츠를 충분히 넣어야 합니다. 전체의 77%를 정보 제공, 나머지 23%의 상품 소개로 구성합니다. 이렇게 도움되는 정보를 충분히 전달함으로써 당신의 권위와 고객과의 신뢰가 생기고, 결과적으로 그 상품을 당신에게서 사고 싶다는 욕구와 연결됩니다.

잠재 고객이 세일즈 비디오를 보는 메리트가 있어야 합니다. VSL에 도움되는 콘텐츠가 있어야 합니다. 그렇다면 어떤 콘텐츠가 좋은가?

포인트는 그 콘텐츠를 소화하면 할수록 당신의 상품을 갖고 싶어 하는 것이어야 하는데, 그것이 매출과 연결되는 콘텐츠입니다. '그럼 어떻게 매출과 연결되는 콘텐츠를 만들 것인가?', '어떻게 그 콘텐츠를 찾아낼 것인가?'

아주 간단한 방법이 있습니다. 마법과도 같은 이 질문을 통해서 당신도 팔리는 VSL을 만들 수 있게 될 것입니다.

그 상품을 사기 위해 잠재 고객은 어떤 사실, 어떤 정보를 받아들여야 하는가? 종이에 이 질문에 대한 답변을 적어보세요.

수입의 불안정을 걱정하지 않으려면 세일즈 카피라이팅 스킬을 습득해야 합니다. 그 해결책으로 세일즈 카피라이팅 교재를 제안하는 패턴입니다. 다이어트 관련 상품을 판매하는 사람이 바로 다이어트 상품을 판매하려고 하는데, 이는 잘못된 패턴입니다.

그 분야의 전문가로서 잠재 고객이 잘못된 인식을 하고 있거나 잘못된 행동패턴에 도움이 되는 정보를 제공하거나 지적함으로써 진정한 문제와 원인을 전문가의 입장에서 가르치는 것입니다. 진짜 문제가 무엇인지를 알려주고, 그 문제의 해결책으로 상품을 제안합니다. 이것이 VSL의 철칙입니다. 역시 가장 주의해야 할 점은 동영상으로 판매를 하려고 하지 말라는 점입니다.

상품을 알기 쉽게 설명하는 것도 중요한데 상품의 기능을 설명하는 것이 아니라 고객에게 편리한 점이 무엇인지 전달합니다. 판매하는 사람을 명확히 할 필요가 있습니다. 특히 인터넷상에서 판매하는 사람이 누구인지 알리는 것이 중요합니다. 고객과의 신뢰를 구축하고 거리를 좁히기 위해서 많은 동영상을 만들어서 소통해나가는 작업을 지속할 필요가 있습니다. 많은 동영상을 업로드해서 당신의 얼굴과 목소리에 친숙하게 할 필요가 있습니다. 그래야 판매로 이어집니다.

**MARKETING**

## 스토리텔링 동영상 시나리오

스토리를 읽을 때, 물건을 팔려고 하는 느낌은 안 들 것입니다. 스토리가 강력한 마케팅으로 이어지는 가장 큰 이유는 마케팅이 '엔터테인먼트'가 되기 때문입니다. '엔터테인먼트'는 우리 모두가 추구하는 것입니다. 그래서 게임이나 영화 같은 거대 시장이 이루어지고 있는 것이고, 우리의 사업을 스토리로 전개해 '엔터테인먼트화'함으로써 더 많은 사람에게 당신의 비즈니스를 알릴 수 있는 것입니다.

세상은 광고로 넘치고 있습니다. 아무리 신뢰할 수 있는 것, 품질이 좋은 것을 전하더라도 사람들은 그러한 메시지에 눈길도 주지 않게 되었습니다. 그러나 스토리를 통해 전하면 판매를 당한다는 심리적 장벽이 제거됩니다. 스토리를 통해 판매자가 전하고 싶은 것이 원활하게 고객에게 전해지는 것입니다.

또한, 스토리가 있음으로써 사람들은 그 기업에 인간미를 느끼게 됩니다. 기업과 고객에서 인간과 인간의 관계가 성립되는 것입니다. 이러한 인간적인 관계야말로 소비자가 요구하는 것 중의 하나입니다. 스토리텔링은 회사 홈페이지, 랜딩페이지, 페이스북, 블로그, 유튜브 등 매우 다방면에 걸쳐 활용할 수 있습니다.

스토리텔링은 크게 2가지 패턴으로 나눕니다.

### '창업 스토리'와 '고객 스토리'

창업 스토리는 당신의 비즈니스 또는 제품의 기원을 전하는 스토리입니다. 일반적으로 회사의 웹 사이트 소개(About us) 페이지에 나와 있습니다. 웹사이트에 스토리를 게재함으로써 자사의 신념, 실적을 자연스럽게 어필할 수 있습니다. 회사 소개 페이지는 스토리를 전하기 위해 반드시 활용해야 하는 페이지라고 할 수 있습니다.

– 스토리를 만드는 단계 (창업 스토리의 경우) –

Step 1. USP를 결정

USP를 결정하는 것입니다. USP를 정한 다음 그 이야기에서 무엇을 전달하고 싶은지를 생각합니다. 역사인지 실적인지 상품력인지? 창업 스토리는 비즈니스의 USP가 전해지는 내용이어야 합니다. 우선 스토리로 전하고 싶은 것. 즉 USP를 결정합니다.

Step 2. 소재를 수집

소재는 시각적으로 호소하기 위한 사진이나 영상입니다. 이것은 생략해도 좋은 단계이지만, 가급적 사용하는 것이 좋습니다.

Step 3. 대립을 생각

스토리에 대립을 표현하는 것이 독자를 사로잡는 포인트입니다. 당신 사업의 대립이나 배신, 역경 등은 어떤 것이 있는지 생각해보십시오.

Step 4. 쓰기

실제로 스토리를 적어봅니다. 포인트는 다음 사항입니다. 창업했을 때의 모습, 창업한 이유와 계기 등으로 시작합니다. 다음에 대립이 나옵니다. 창업 초기에는 대체로 잘되지 않았을 것입니다. 그

때의 고생과 어려움을 생각해내면서 적어나갑시다.

USP가 전해지게 합니다. 구체적으로는 왜 그 USP가 생겨났는지, USP를 강화하기 위해 지금까지 어떤 일을 해왔는지를 씁니다. 창업 당시와 비교해 지금은 어떻게 되어 있는지를 씁니다.

### Step 5. 편집

대충 쓴 스토리를 편집하는 작업입니다. 여기에서는 '구체성' 등을 의식해 다시 작성합니다. 또한, 타사의 관점에서 이야기를 읽었을 때 자신의 USP가 제대로 전해지는지도 확인합니다.

### Step 6. 다른 사람에게 읽게 한다.

쓴 이야기를 친구나 가족 등에게 읽어보게 하고 의견을 받아봅시다. 이 작업을 통해 자신이 전하고 싶은 것이 제대로 상대에게 전해지는지를 알 수 있습니다.

### Step 7. 사이트에 올린다.

완성되면 웹사이트에 접속합니다. 기본적으로 회사 소개 페이지에 게재되어 있지만, 사이트의 구성에 따라 바뀔 수 있으므로 적절한 위치에 올립니다. 이러한 작업을 거치면 단순히 '대표 인사말'이나 '이념'을 통해 회사를 소개하는 사이트보다 훨씬 뛰어난 사이트가 되는 것입니다.

## MARKETING

## 스토리텔링의 정석
## -신화의 법칙-

　스토리텔링의 정석으로 불리는 신화의 법칙입니다. 헐리우드 영화에서 흔히 볼 수 있는 영웅이 탄생하는 스토리와 맥락이 통합니다. 시작은 우리와 비슷하거나 일상에서 흔히 볼 수 있는 평범한 혹은 평범 이하였던 사람이 시련과 실패를 거듭하다가 우연한 만남을 통해 성공을 한다. 그리고 누군가를 구해서 영웅이 된다는 식의 전개입니다.
　그럼 신화의 법칙 템플릿을 따라 어떻게 스토리가 만들어지는지 보여드리겠습니다.

- Step 1. 비슷한 출발 지점
- Step 2. 도전, 그리고 실패의 연속
- Step 3. 우연의 만남, 발견
- Step 4. 성공의 연속
- Step 5. 완벽한 메소드의 구축
- Step 6. 다른 사람도 차례로 성공
    - ▶6-1. 완벽한 메소드(상품)에 한 가지 문제가 있음을 전한다.
    - ▶6-2. 그 문제를 해결하는 방법이 발견되었다는 것을 전한다.
- Step 7. 다음은 당신 차례

### Step 1. 비슷한 출발 지점

극히 평범한 일상생활. 평온한 나날로부터 시작됩니다. 또는 열등감이나 생활에 불안감을 가진 매일을 보내고 있습니다. 여기에서는, 독자의 마음과 공감하는 데 목적이 있습니다.

 20년간의 회사생활을 정리하고, 창업 후 음식점을 시작했지만 5개월 만에 2억 원의 적자를 내 도산했습니다.

예상 고객이 안고 있는 고민, 불안, 공포, 통증에 공감하며 적습니다. 간단하게 적는 것이 아니라 구체적인 에피소드를 섞어 스토리로 이야기를 전개하세요.

감정적으로 불안했던 에피소드, 억울한 에피소드, 자신감을 잃어버린 에피소드, '이제 포기할까'라고 생각했던 에피소드, 그리고 공감하는 카피를 씁니다. 고객을 움직이는 데 필요한 문장은 '공감'입니다.

즉, "나와 당신은 똑같아요"라는 것을 보여야 합니다. 인간은 공감하지 못하는 것에 대해서는 귀를 기울이지 않습니다.

우선 독자가 공감할 수 있는 포지션부터 시작할 필요가 있습니다. 평범한 샐러리맨, 보통의 주부 등 인간을 움직인다는 관점에서 생각하면, 자신과 동일하거나 자신보다 아래라고 생각하는 사람이 성공함으로써 "나도 할 수 있을지도?"라고 생각할 수 있게 됩니다.

"저는 부잣집에 태어나서 어려서부터 영재 교육을 받았어요. 그런 제가 찾아낸 성공의 법칙입니다"라고 하면 귀를 기울이지 않을 것입니다.

### Step 2. 도전, 그리고 실패의 연속

그리고 어떤 계기로 큰 도전을 합니다. 그러나 그것은 잘 안 되고 실패를 되풀이합니다.

그 후, 의료 기기 판매나 보험 대리점에 손을 댔지만 모두 실패하고 스스로 비즈니스의 재능이 없다고 자포자기 상태에 빠져 있었습니다. 돈이 없어서 아내와의 관계도 악화되었고, 마음의 여유조차 없어서 늘 화만 내는 자신이 있었습니다.

끊임없이 도전하고 어떻게든 인생을 바꾸어보려고 발버둥쳤지만, 전혀 결과가 나오지 않았던 과거 실패담을 쓰세요. 쓸데없이 써버린 시간과 돈, 가족에게 버림받고, 불안의 연속, 이대로라면….

불안이나 공포를 느끼고 있었음을 솔직히 말하세요. 자신의 체험을 구체적인 에피소드로 스토리로 쓰세요.

### Step 3. 우연의 만남, 발견

그렇지만, 우연히 사람이나 물건을 만남으로써 큰 기회를 잡습니다.

그때 우연히 비즈노 세미나에 참석했습니다.
아무 생각 없이 세미나를 듣고 있었지만, 이야기가 진행됨에 따라 '왜 내가 그 동안 실패를 거듭했는지?'에 대한 질문이 뚜렷해져 이 사람을 따르기로 했습니다.
단순한 직감입니다.

> 저의 감성이 이 사람으로부터 모든 지식을 흡수하도록 호소하고 있었던 것입니다.
> 그 후 마케팅이나 카피라이팅 등을 배우면서 진정한 비즈니스 사고를 조금씩 이해하게 되었습니다. 정보가 어두워 지금까지 광고업자로부터 교묘한 말로 속아왔던지 그제야 알게 되었습니다.
> 다시 한 번 식당을 만들어 밤에도 자지 않고 노력했습니다. 이번에는 광고를 최소화하고 고객을 기쁘게 하는 것만을 생각했습니다.

우연의 만남, 발견으로 전기가 찾아왔음을 스토리로 그 상황(광경)이 상상될 수 있도록 구체적으로 적어주세요. 만일 특별한 만남이 없을 경우 실패와 갖은 고생 끝에 얻은 발견 등을 스토리로 쓸 수 있습니다.

### Step 4. 성공의 연속

기회를 잡고 노력을 함으로써 성공을 거둘 수 있습니다. 그리고 성공의 연속을 경험합니다.

> 그러자 2개월 만에 흑자로 전환하고, 반년 후에는 3개월 예약으로 고객이 가득 차게 되었습니다.
> 이것도 조기선 대표와의 만남이 있었기 때문입니다.

영화로 말하면 클라이맥스의 전 단계입니다. 우연한 만남과 발견에 의해서 생활의 어떤 변화가 찾아왔는지를 적어주세요. 포인트는 단숨에 비약하지 않고 서서히 스텝 업하고 있음을 전달하는 것입니다. 우선은 고민이나 문제를 해결하고 안심하는 것입니다. 그 뒤 조금씩 감정 면에서 변화가 일어나고 그 후에 훌륭한(멋진, 근사한) 일이 일어나는 것입니다. 앞으로 감정적·물리적으로 어떤 멋진 일이 일어날지에 대한 예감을 적어주세요.

### Step 5. 완벽한 메서드의 구축

성공에서 얻어진 비결을 분석하고, 메서드로 체계화할 수 있습니다.

> 현재는 60개 이상의 점포를 경영하는 연간 매출 500억의 사장이지만, 과거의 나처럼 고생하는 사람을 구하고 싶다는 생각에 음식점을 전문으로 하는 컨설팅 회사를 오픈하게 되었습니다.

성공으로부터 얻은 배움을 더욱 발전시켜 누구나 할 수 있는 보편적인 내용으로 승화시킵니다. 성공을 메소드화한 일을 적으세요. 상품의 경우 그 상품을 손에 넣을 수 있다는 것을 전합니다. 누구에게나 재현성이 있음을 어필하세요.

### Step 6. 다른 사람들도 차례로 성공

체계화된 방법으로 다른 사람도 실천하고 성공합니다. 그리고 이 방법을 한 사람이라도 많은 사람에게 전하고 싶다는 생각이 강합니다.

저의 컨설팅을 받은 클라이언트 대부분이 3개월 후 평균 이익을 1.5배까지 끌어올리고 있습니다.

비참한 상황에 처했던 사람이 잘 된 이야기 등 임팩트가 있는 고객의 소리를 받으면 그것만으로 매출이 올라갑니다. 메소드화된 재현성 있는 노하우를 쓰고, 성공한 사람이 있으면, 구체적으로 수치화하고 계측할 수 있는 신빙성 있는 결과를 에피소드로 소개하세요.

- 완벽한 메소드(상품)에 한 가지 문제가 있음을 전합니다. 한 가지 문제가 있음을 고백함으로써 진실성이 커지고 더욱 신뢰할 수 있게 됩니다.
- 그 문제를 해결하는 방법이 발견되었다는 것을 전합니다. 어떻게 그 문제를 해결할지를 씁니다. 상품 판매의 경우라면 여기서 사용법에 대한 정보 콘텐츠를 붙여 세트로 팔아도 좋다고 생각합니다. 세트나 부가 가치에 대한 정보 제공으로 라이벌과 차별

화될 수 있습니다. 이 프로세스를 넣음으로써 완벽한 해결책이 됩니다.

### Step 7. 다음은 당신 차례

이 성공 메소드는 누구라도 체득할 수 있습니다. 당신도 실천하고 성공자가 되어주세요.

> 정말 돈이 없어서 힘든 분이라면 흑자로 전환되었을 경우에 컨설팅 비용을 지불하세요. 열심히 노력하는 경영자에게 도움을 드리고 싶은 저의 진정한 마음입니다.
> 저와 함께 새로운 음식업의 미래를 만들어나가지 않겠습니까?
> 무료 상담 전화 접수는 010-000-0000 (연중무휴, 24시간)

드디어 클로징입니다.

여기까지 읽은 독자에게 마지막으로 일침을 가하세요. 당신도 내가 정리한 메소드만 손에 넣으면 같은 체험이 가능하다는 것을 씁니다. 누구나 할 수 있고 재현성이 있음을 강조합니다.

여기에서 세일즈를 하세요. 이것으로 스토리가 완결되었습니다. 당신도 고객이 빨려들 수 있는 스토리를 쓸 수 있지 않을까요?

자신을 주인공으로 한 버전을 소개했지만, 고객을 주인공으로 한 스토리도 상관없습니다.

고객을 주인공으로 하는 경우는 동일하게 쓰고 Step 4의 성공까지 가면 Step 3의 갑작스러운 만남·발견으로 돌아와 만난 스승은 사실은 저입니다로 하면 될 것입니다.

중요한 것은 성공의 고리에 들어갈 수 있다는 것을 확실하게 전하는 것입니다.

인간은 감정을 이입하는 존재이므로 이 기술을 마스터함으로써 독자의 마음을 조종할 수 있게 됩니다. 세상의 성공 스토리는 거의 이 흐름으로 되어 있습니다. 그만큼 효과가 높은 것이므로 이 스토리 공식은 반드시 기억하세요.

**MARKETING**

## 스토리텔링 동영상으로
## 주문이 쇄도하는 답례품 전문 쇼핑몰
### — 김종하 과자 공방(천년빵) —

천년빵 김종하 대표의 스토리텔링 동영상을 하나 소개합니다. 언제 보아도 감동적이죠. 처음 천년빵 김종하 대표를 만난 것은 제가 쓴 《물건을 팔지 말고 가치를 팔아라》라는 책을 읽다가 저자를 만나고 싶다는 생각에 직접 제 사무실로 김종하 대표님이 찾아온 것이 만남의 시작이었습니다.

이야기를 나누면서 스토리텔링 신화의 법칙에 너무도 딱 맞는 스토리를 가지고 있다는 것을 알게 되었는데, 정작 본인은 스스로의 스토리가 그다지 감동적이거나 극적이지 않다고 느끼는 것 같았습니다. 컨설팅하면서 자신의 스토리를 써보라고 하면 대부분 자신의 스토리가 지극히 평범하거나, 감동적이지 않다고 말하는데 사실은 그렇지 않습니다. 누구나 진하고 진솔한 자신만의 스토리는 있기 마련입니다. 그것을 어떻게 어떤 순서로 표현하는가의 문제죠.

천년빵 김종하 대표의 스토리는 감동적이었습니다. 고난과 시련을 딛고 마침내 자신만의 노하우로 경쟁력 있는 상품을 만들어낸 창업주의 스토리로 풀기에 적합했죠. 먼저 스토리를 들으면서 A4용지에 적어나갔습니다. 다음은 A4 용지 2장으로 내용을 줄입니다. 그리고 파워포인트로 옮기는데, 이때 한 페이지에 너무 많은 문장을 넣지 않는 것이 포인트입니다.

활짝 웃는 자신감 있는 모습의 사진 한 장을 준비했습니다. 동영상 말미에는 오퍼를 제공해 동영상을 시청한 잠재 고객이 오퍼를 신청하도록 했습니다.

백 마디 말보다 사진 한 장이 더 많은 것을 말해준다는 사실! 세일즈 동영상은 단순한 문장과 배경음악, 사진으로 구성되기 때문에 반드시 본인의 모습을 보여주는 것이 필요합니다. 사진은 활짝 웃는 모습, 행복한 모습, 전문가다운 모습(유니폼을 입거나, 작업 현장을 배경으로)으로 합니다.

이렇게 만들어진 동영상을 홈페이지와 유튜브에 올렸는데, 이 영상을 본 고객들은 "신뢰가 간다", " 감동적이다", " 다른 곳에 소개하고 싶다"는 반응을 보였습니다. 결과 전국에서 주문이 쇄도하는 답례품 쇼핑몰이 되었습니다.

판매하는 상품이 이렇게 멋있고 좋은 재료를 사용한다고 말하는 것보다 판매하는 사람의 스토리를 말함으로써 심리적인 장벽이 없어지고 신뢰가 생긴 결과 매출로 이어지는 것입니다.

• • •
— 천년빵 김종하 대표의 스토리 시나리오 —

30년 제과제빵 외길 인생.

저의 시작은 전주 어느 작은 빵집. 선배 어깨너머로 배운 단순 제과였습니다. 매일 매일 밀가루만 반복해 빚는 노동은 저를 서울 유학으로 이끌었습니다.

서울에 있는 제과학교 수석으로 졸업. 나폴레옹 제과점 지점 생산 책임자로 승진. 제과에 대한 열정과 자신감은 이스트처럼 점점 부풀어 올랐습니다.

그러나 그것은 그리 오래가지 못했습니다. 부동산 중개업자에게 속아 재개발 지역인 줄 몰랐던 아파트는 시설비도 건지지 못한 채 굴착기와 함께 사라져버렸습니다.

기죽지 않고 재정비 후, 세를 들어 다시 열게 된 가게에 제 실력을 알아봐주기라도 하듯, 또다시 매출은 놀라운 결과를 보여줬습니다. 그러나….

임대차 보호법이 없던 그 시절, 건물주의 협박으로 저는 울며 겨자 먹기로 잘나가던 가게를 내놓을 수밖에 없었습니다. 밤낮으로 혼자 반죽을 하느라 망가져버린 몸. 사람에게 데여 생겨버린 대인기피증.

굳은 상황이 방해하던 제 열정을 발효시켜줄 뜨거운 오븐이 필요했습니다.

나를 더 알아가는 시간. 납작해지지 않는 내 꿈을 어떻게 다시금 일으킬 수 있을까….

그때 저는 문득 한 가지 생각을 떠올렸습니다.

"지금 내가 가장 잘 해낼 수 있는 한 가지에 올인하자!"

그때 드는 간절한 소망.

"전국을 상대로 이 빵을 팔 수 있다면…!"

그동안 시련을 영양제 삼아 저는 또다시 도전을 시작했습니다. 낮에는 빵을 만들어 팔고 밤에는 일본어 연수. 한국인이라는 차별도 많이 받았지만, 그동안 단련해온 제 칼질 내공을 곧 인정받고 순풍에 돛 단 듯 모든 고난의 잔재가 녹아내리기 시작했습니다.

과거 고구마 생크림 빵 하나만으로 재기했던 경력, 일본에서 쌓은 제과 아이디어로 저는 그 누구에게도 뒤지지 않는 답례용 빵을 만들 자신감을 갖게 되었습니다.

남들과는 다른, 하루만 가는 빵이 아닌, 천연초가 들어간 식어도 맛있고 포장이 예쁜 답례용 빵!

그것이 지금의 구움 과자 전문점(천년초 호두과자)가 되었습니다.

하루 지나면 굳어버리는 떡과는 다른 베이커리!

한 입 거리의 귀여운 포장과 오래가는 촉촉 기술 개발로 만든 답례품 전문점으로 우뚝 올라서게 되었습니다

진정성 있는 답례품의 장인이 되기까지….

제가 만든 과자를 무료로 드셔보세요!

(호두과자+찰보리빵+미강+마들렌+브라우니 세트 무료)
배송비 3,000원 만 고객님이 지불해주세요.

- 신청은 홈페이지 천년빵.kr 031-000-0000

**MARKETING**

# 헤드라인을 쉽게 작성하는
# 363가지 패턴

1 • 〈기간〉 이내에 〈이득〉을 얻으려면?

2 • 〈기간〉 안에 〈이득〉을 얻고 싶은 사람, 더 없습니까?

3 • 〈이득〉과 〈목표〉를 달성하고 싶은 사람, 더 없습니까?

4 • 〈장점〉을 위한 〈수량 스텝/요령〉

5 • 〈장점〉을 얻고 싶다 – 하지만 시작하지 못하는 사람들에게

6 • 〈장점〉을 얻고 싶다 – 하지만 시작하지 못하는 남자들에게

7 • 〈장점〉을 얻고 싶다 – 하지만 시작하지 못하는 여자들에게

8 • 여러분이 〈이득〉을 얻지 못하는 건 너무 아까워요 – 다른 사람들은 편하게 하고 있습니다.

9 • 현재 〈이득〉을 얻고 있는 많은 사람들 – 아무도 자신이 할 수 있을 거라 생각하지 못했습니다.

10 • 여러분의 〈이득〉에 도움이 되는 새로운 엄청난 발견

11 • 여러분이 〈기간〉 이내에 〈이득〉을 얻는 데 도움이 되는 새로운 엄청난 발견

12 • 〈이득〉을 얻는 지름길

13 • 〈이득〉을 얻기 위해 누구나 알아야 하는 것

14 • 〈이득〉을 위한 〈수량 스텝/요령〉 무료로 알려드립니다.

15 • 하나로 집약된 간단한 〈이득〉에 대한 조언

16 • 〈수량 스텝/요령〉으로 할 수 있는 최단 〈기간〉에 얻을 수 있는 〈이득〉

17 • 〈장점〉을 위한 〈수량 스텝/요령〉

18 • 〈목표〉를 위한 〈수량 스텝/요령〉

19 • 불과 〈기간〉에 달성할 수 있는 〈이득〉을 위한 〈수량 스텝/요령〉

20 • 〈수량 스텝/요령〉으로 현재 〈이득〉을 얻고 있는 사람들 – 아무도 자신이 할 수 있을 거라 생각하지 못했습니다.

21 • 〈이득〉과 〈목표〉를 위한 〈수량 스텝/요령〉

22 • 〈목표〉의 비밀

23 • 불과 〈기간〉에 달성할 수 있는 〈목표〉의 비밀

24 • 프로가 알려주는 〈이득〉을 위한 확실한 조언

25 • 프로가 알려주는 〈이득〉과 〈목표〉를 위한 확실한 조언

26 • 〈이득〉에 대한 불안은 날려버립시다 – 이 간단한 플랜에 따르기만 하면 됩니다.

27 • 자신이 〈이득〉과 〈목표〉를 달성할 수 있다니, 믿을 수가 없어요.

28 • 불과 〈기간〉에 자신이 〈이득〉과 〈목표〉를 달성할 수 있다니, 믿을 수가 없어요.

29 • 〈기간〉 이내에 내가 〈목표〉를 달성하려면?

30 • 〈이득〉을 얻는 방법을 알 수만 있다면" 하고, 지금까지 스스로에게 변명하고 있지 않았나요?

31 • "〈목표〉를 달성하는 방법을 알 수만 있다면" 하고, 지금까지 스스로에게 변명만 늘어놓고 있지 않았나요?

32 • 여러분의 〈목표〉 달성을 위한 길은 보증되어 있습니다 – 효과가 없다면 돈은 돌려드리겠습니다.

33 • 어떤 상황에서도 이 놀라운 〈목표〉를 위한 〈수량 스텝/요령〉을 사용할 수 있습니다.

34 • 어떤 상황에서도 이 놀라운 〈이득〉을 위한 〈수량 스텝/요령〉을 사용할 수 있습니다.

35 • 누구나 알아야 할 〈이득〉을 얻는 방법

36 • 〈이득〉을 얻는 방법에 관한 진실

37 • 〈목표〉를 달성하는 방법에 관한 진실

38 • 지금 바로 시작해서 〈이득〉을 얻으려면?

39 · 0에서부터 시작해서 불과 〈기간〉에 〈이득〉을 얻으려면?

40 · 지금 바로 시작해서 〈목표〉를 달성하려면?

41 · 0에서부터 시작해서 불과 〈기간〉에 〈목표〉를 달성하려면?

42 · 〈이득〉에 대한 도전

43 · 〈목표〉에 대한 도전

44 · 〈이득〉을 얻기 위한 놀랄 만한 진실

45 · 〈목표〉를 달성하기 위한 놀랄 만한 진실

46 · 〈목표〉를 〈기간〉 내에 달성하기 위한 놀랄 만한 진실

47 · 〈이득〉을 〈기간〉 내에 얻기 위한 놀랄 만한 진실

48 · 〈이득〉을 얻지 않으면 안 됩니까?

49 · 〈목표〉를 달성하지 않으면 안 됩니까?

50 · 〈이득〉을 얻을 수 있는 〈수량 스텝/요령〉을 해보지 않으시겠습니까?

51 · 〈목표〉를 달성할 수 있는 〈수량 스텝/요령〉을 해보지 않으시겠습니까?

52 · 여러분이 〈목표〉를 달성하지 못하는 건 너무 아까워요 – 다른 사람들은 편하게 달성하고 있습니다.

53 · 현재 〈목표〉를 달성한 많은 사람들 – 아무도 자신이 할 수 있을 거라 생각하지 못했습니다.

54 · 〈기간〉 이내에 〈목표〉를 달성하기 위해 도움이 되는 새로운 훌륭한 발견

55 · 〈기간〉 이내에 〈장점〉을 얻는 지름길

56 • 〈기간〉 이내에 〈목표〉를 달성하는 지름길

57 • 〈목표〉를 달성하기 위한 충격적인 진실!

58 • 〈이득〉을 얻기 위한 충격적인 진실!

59 • 〈목표〉. 우연이 아닙니다. 〈기간〉 내에 〈이득〉을 얻는 방법을 소개해드리겠습니다!

60 • 〈목표〉. 우연이 아닙니다. 그 방법을 소개해드리겠습니다!

61 • 두려워서 주저하는 일이 없도록 하기 위한 〈수량 스텝/요령〉 – 지금 바로 〈이득〉을 얻읍시다!

62 • 두려워서 주저하는 일이 없도록 하기 위한 〈수량 스텝/요령〉 – 〈기간〉 내에 〈이득〉을 얻읍시다!

63 • 〈이득〉을 얻어보시지 않겠습니까?

64 • 〈목표〉를 달성해보시지 않겠습니까?

65 • 〈목표〉를 달성하는 방법은 내용을 체크하는 것

66 • 〈목표〉를 위한 〈수량 스텝/요령〉은 여기에서…!

67 • 〈이득〉을 위한 〈수량 스텝/요령〉은 여기에서…!

68 • 〈이득〉을 얻는 방법은 내용을 체크하는 것

69 • 〈이득〉을 진지하게 원하고 있습니까? 〈목표〉를 달성하는 방법은 여기에서 … 보증합니다! 효과가 없다면 환불해드립니다!

70 • 불과 〈기간〉에 〈목표〉를 달성할 수 있습니다. …보증합니다!

71 • 〈수량 스텝/요령〉으로 〈목표〉를 달성할 수 있습니다. …보증합니다!

72・그렇습니다, 여러분도 간단히 〈이득〉을 얻는 방법을 배울 수 있습니다!

73・그렇습니다, 여러분도 간단히 〈목표〉를 얻는 방법을 배울 수 있습니다!

74・그렇습니다, 이 〈수량 스텝/요령〉이 있다면 간단히 〈목표〉를 달성하는 방법을 배울 수 있습니다!

75・그렇습니다, 이 〈수량 스텝/요령〉이 있다면 간단히 〈이득〉을 얻는 방법을 배울 수 있습니다!

76・그렇습니다, 이 〈수량 스텝/요령〉이 있다면 확실하게 〈목표〉를 달성할 수 있습니다!

77・그렇습니다, 이 〈수량 스텝/요령〉이 있다면 확실하게 〈이득〉을 얻을 수 있습니다!

78・그렇습니다, 이 〈수량 스텝/요령〉은 제가 〈목표〉를 달성했을 때와 마찬가지로 여러분에게도 도움이 될 것입니다.

79・그렇습니다, 이 〈수량 스텝/요령〉은 제가 〈이득〉을 얻었을 때와 마찬가지로 여러분에게도 도움이 될 것입니다.

80・〈이득〉을 얻기 위한 확실한 요령, 툴 그리고 전략

81・〈목표〉를 달성하기 위한 확실한 요령, 툴 그리고 전략

82・〈목표〉를 달성하기 위한 퍼펙트 가이드

83・〈이득〉을 얻기 위한 퍼펙트 가이드

84・〈이득〉을 얻기 위한 〈수량 스텝/요령〉의 퍼펙트 가이드

85・〈목표〉를 달성하기 위한 〈수량 스텝/요령〉의 퍼펙트 가이드

86・〈목표〉를 바로 간단히 달성하는 방법

87 • 〈이득〉을 바로 간단히 달성하는 방법

88 • 불과 〈기간〉에 〈목표〉를 바로 간단히 달성하는 방법

89 • 불과 〈기간〉에 〈이득〉을 바로 간단히 얻는 방법

90 • 〈이득〉을 바로 간단히 얻으려면 – 100% 확실합니다!

91 • 〈목표〉를 바로 간단히 얻으려면 – 100% 확실합니다!

92 • 상상해보세요 – 여러분은 불과 〈기간〉에 〈이득〉을 얻을 수 있습니다.

93 • 상상해보세요 – 여러분은 불과 〈기간〉에 〈목표〉를 달성할 수 있습니다.

94 • 여러분은 〈이득〉을 얻을 만한 가치가 있습니다!

95 • 〈이득〉을 얻는 데 도움이 되는 확실한 테크닉 – 보증합니다!

96 • 〈목표〉를 얻는 데 도움이 되는 확실한 테크닉 – 보증합니다!

97 • 여러분은 〈목표〉을 달성할 만한 가치가 있습니다!

98 • 더 이상 기다려서는 안 됩니다! 지금 바로 〈목표〉를 향해 나아갑시다!

99 • 〈이득〉과 〈목표〉를 바로 달성하려면?

100 • 제가 〈기간〉에 〈이득〉을 얻은 이야기를 하면 모두들 웃었습니다. 하지만 〈목표〉를 달성하자 그 비밀을 알려달라고 부탁했습니다!

101 • 〈기간〉에 〈이득〉과 〈목표〉를 달성하기 위한 〈수량 스텝/요령〉

102 • 〈목표〉를 달성하고 싶습니까? 〈기간〉에 〈이득〉을 얻는 방법은 여기에서 보세요.

103 • 〈기간〉에 〈이득〉을 얻기 위한 5개의 비밀을 무료 리포트를 통해 알 수 있습니다.

104 • 〈기간〉에 〈이득〉을 얻기 위한 새로운 방법을 알 수 있습니다.

105 • 〈기간〉에 〈이득〉과 〈목표〉를 달성하고 싶은 사람 더 없습니까?

106 • 정말입니다. 정말로 〈기간〉에 〈이득〉을 얻을 수 있습니다. 그 방법은 여기에서…!

107 • 여러분을 〈목표〉 달성으로 이끄는 새로운 〈이득〉 프로그램을 알 수 있습니다.

108 • 여러분을 〈목표〉 달성으로 이끄는 새로운 〈이득〉 프로그램을 알 수 있습니다.

109 • 이 시스템으로 〈기간〉 내에 〈이득〉을 얻지 못하면 2배로 환불해드립니다.

110 • 〈기간〉에 〈이득〉을 얻기 위한 〈수량 스텝/요령〉을 무료로 가르쳐드립니다.

111 • 〈기간〉에 〈이득〉을 얻기 위한 지름길

112 • 〈기간〉 내에 〈이득〉을 얻고 싶다 – 하지만 시작하지 못하는 분들에게

113 • 〈기간〉 내에 〈이득〉을 얻지 못하면 2배로 환불해드립니다.

114 • 무료로 알 수 있는 〈기간〉에 〈이득〉을 얻기 위한 〈수량 스텝/요령〉

115 • 〈기간〉 내에 〈이득〉을 얻어 〈목표〉를 달성하기 위한 지름길

116 • 〈기간〉 내에 〈이득〉을 얻고 싶은데 아직 시작하지 못한 분들에게

117 • 〈기간〉에 〈이득〉을 얻기 위한, 정당하고 아주 합법적인 방법

118 • (여러분이 사는 지역 혹은 도시의)남성·여성이 밝혀낸, 〈기간〉에 〈이득〉을 얻기 위한 지름길

119 • 게으른 사람을 위한, 〈기간〉에 〈이득〉을 얻기 위한 방법

120 • 불과 〈기간〉에 얻을 수 있는 〈이득〉보증합니다!

121 • 불과 〈기간〉에 〈이득〉을 얻을 수 있다니 생각하지 못했습니다. 하지만 드디어 그 비밀을 찾았습니다! 그 방법은 여기에서…!

122 • 〈기간〉에 〈이득〉을 얻기 위해 – 여러분과 저 같이 평범한 사람에게 남겨진 유일한 방법은?

123 • 정상에 오른 사람이 조심스레 밝히는 업계 사람이 〈기간〉에 남몰래 〈이득〉을 얻는 방법

124 • 정상에 오른 사람이 조심스레 밝히는 업계 사람이 〈기간〉에 〈이득〉을 얻는 방법

125 • 〈기간〉에 〈이득〉을 얻고 〈목표〉를 달성하기 위한 가장 빠른 방법

126 • 〈기간〉에 즐겁게 〈이득〉을 얻는 방법

127 • 처음으로 밝히는 〈기간〉에 〈이득〉을 얻기 위한 새로운 시스템

128 • 〈기간〉에 〈이득〉을 얻기 위한 최신 정보는 여기에서…!

129 • 전직 간부·업계 사람이 밝히는 〈기간〉에 〈이득〉을 얻기 위한 업계 비밀

130 • 〈기간〉에 〈이득〉을 얻고 싶지만 포기하기 직전인 여러분, 희망은 있습니다!

131 • 〈기간〉에 〈이득〉을 얻는 최고의 방법, 제가 보증합니다!

132 • 너무 많이 지불하고 있지는 않습니까? 돈 들이지 않고 〈기간〉에 〈이득〉을 얻는 방법은 여기에서…!

133 • 간단한 노하우를 알고 싶은 당신에게 – 비어 있는 시간에 〈기간〉에 〈이득〉을 얻는 방법

134 • 잠들어 있는 사이 〈기간〉에 〈이득〉을 얻는다 – 저희 시스템은 효과적입니다!

135 • 100% 보증합니다! 단 〈기간〉에 얻을 수 있는 〈이득〉, 효과가 없다면 환불해드립니다!

136 • 100% 보증합니다! 단 〈기간〉에 〈문제를 해결〉, 효과가 없다면 환불해드립니다!

137 • 〈이득〉을 얻기 위한 보다 좋은 방법

138 • 〈문제를 해결〉하는 보다 좋은 방법

139 • 〈이득〉을 얻기 위한 새로운 발견

140 • 〈이득〉을 얻기 위한 새로운 발견, 단 〈기간〉만에 가능합니다!

141 • 이건 정말 새롭습니다! 최단 〈기간〉에 당신도 〈이득〉을 얻을 수 있습니다.

142 • 유일한 찬스! 최단 〈기간〉에 당신도 〈이득〉을 얻을 수 있습니다.

143 • 프로가 알려주는 〈이득〉을 얻기 위한 최강의 정보가 가득합니다.

144 • 〈이득〉을 얻기 위한 완벽한 가이드

145 • 최단 〈기간〉에 〈이득〉을 얻어 〈문제를 해결〉하기 위한 완벽한 가이드

146 • 프로가 알려주는 〈이득〉을 얻기 위한 퍼펙트 가이드

147 • 〈이득〉을 얻기 위한 퍼펙트 플랜, 보증합니다! 효과가 없다면 환불해 드립니다!

148 • 불과 〈기간〉에 〈이득〉을 얻기 위한 퍼펙트 플랜

149 • 불과 〈기간〉에 〈문제를 해결〉하기 위한 퍼펙트 플랜

150 • 여러분만을 위해 주문 제작한 최단 〈기간〉에 〈이득〉을 얻는 방법

151 • 프로가 알려주는 〈이득〉을 얻기 위한 새로운 접근법

152 • 〈이득〉을 얻기 위한 새로운 접근법, 그야말로 여러분이 바라던 것입니다!

153 • 친구가 〈이득〉을 얻는 방법을 물어봤습니다. 제가 친구에게 알려준 방법은 이것입니다.

154 • 〈이득〉을 얻는 확실한 방법, 〈수량 스텝/요령/비밀〉을 알려드립니다.

155 • 〈이득〉을 얻는 확실한 방법… 바로 간단히 할 수 있습니다!

156 • 〈문제를 해결〉하기 위한 확실한 방법… 바로 간단히 할 수 있습니다!

157 • 〈이득〉을 얻어 〈문제를 해결〉하기 위한 새로운 전개, 최단 〈기간〉에 달성!

158 • 인생에서 한 번뿐인 기회, 프로가 알려주는 〈이득〉을 얻는 방법을 배워봅시다.

159 • 불과 〈기간〉에 〈이득〉을 얻기 위한 최강의 방법

160 • 〈이득〉을 얻는 검증된 방법, 바로 간단히 할 수 있습니다!

161 • 프로에게서 배울 수 있는 다시없는 기회 – 간단히 〈이득〉을 얻는 방법

162 • 프로에게서 배울 수 있는 다시없는 기회 – 〈이득〉을 얻는 방법

163 • 〈이득〉을 얻는 방법에 대한 놀라운 사실

164 • 불과 〈기간〉에 〈이득〉을 얻는 방법에 대한 놀라운 사실

165 • 〈문제를 해결〉하는 방법에 대한 놀라운 사실

166 • 불과 〈기간〉에 〈문제를 해결〉하는 방법에 대한 놀라운 사실

167 • 바로 간단히 〈이득〉을 얻기 위한 놀라운 방법

168 • 바로 간단히 〈문제를 해결〉하기 위한 놀라운 방법

169 • 놀랍습니다! 단 〈기간〉에 정말로 〈이득〉을 얻을 수 있습니다. 그 방법을 소개해드리겠습니다!

170 • 놀랍습니다! 단 〈기간〉에 정말로 〈이득〉을 얻을 수 있습니다. 저희가 도와드리겠습니다.

171 • 놀랍습니다! 단 〈기간〉에 정말로 〈이득〉을 얻을 수 있습니다. 5가지의 스텝으로 가능합니다.

172 • 놀라운 새로운 시스템으로 정말로 〈이득〉을 얻을 수 있습니다. 그 설레는 상세 사항에 대해 아래에서 소개해드리겠습니다.

173 • 놀라운 새로운 시스템으로 정말로 〈문제를 해결〉할 수 있습니다. 그 설레는 상세 사항에 대해 아래에서 소개해드리겠습니다.

174 • 〈이득〉을 얻기 위한 놀라운 방법, 100% 보증합니다!

175 • 단 〈기간〉에 〈이득〉을 얻기 위한 놀라운 방법, 100% 보증합니다!

176 • 〈이득〉을 얻을 수 있는 〈수량 스텝/요령/비밀〉을 해보고 싶습니까?

177 • 〈문제를 해결〉할 수 있는 〈수량 스텝/요령〉을 해보고 싶습니까?

178 • 주목 : 〈이득〉을 얻고 싶은 남성에게… 〈수량 스텝/요령/비밀〉을 통해 그 방법을 알 수 있습니다!

179 • 주목 : 〈이득〉을 얻고 싶은 남성에게… 이것을 보세요!

180 • 주목 : 〈이득〉을 얻고 싶은 남성에게… 그 완벽한 해결 방법이 있습니다!

181 • 주목 : 〈이득〉을 얻고 싶은 여성에게… 〈수량 스텝/요령/비밀〉을 통해 그 방법을 알 수 있습니다!

182 • 주목 : 〈이득〉을 얻고 싶은 여성에게… 그 완벽한 해결 방법이 있습니다!

183 • 주목 : 〈이득〉을 얻고 싶은 남성에게… 이것을 보세요!

184 • 지금 바로 〈이득〉을 얻어 봅시다! 〈수량 스텝/요령/비밀〉을 여러분에게!

185 • 축하드립니다! 여러분은 〈이득〉을 위한 완벽한 방법을 발견했습니다.

186 • 축하드립니다! 여러분은 〈문제를 해결〉할 수 있는 완벽한 방법을 발견했습니다.

187 • 〈혜택〉을 위한 도전

188 • 〈문제 해결〉을 위한 도전

189 • 〈이득〉을 얻기 위한 엄청난 방법을 발견했습니다.

190 • 〈이득〉을 얻어 〈문제를 해결〉하기 위한 엄청난 방법을 발견했습니다.

191 • 최단 〈기간〉에 〈이득〉을 얻기 위한 엄청난 방법을 발견했습니다.

192 • 잠깐만요! 〈기간〉에 〈이득〉을 얻을 수 있습니다. 그 방법을 소개해드리겠습니다!

193 • 잠깐만요! 〈기간〉에 〈문제를 해결〉할 수 있습니다. 그 방법을 소개해드리겠습니다!

194 • 더 이상 기다려서는 안 됩니다! 지금 바로 〈둔제를 해결〉합시다!

195 • 프로도 인정하는 저희의 시스템으로 바로 간단히 〈이득〉을 얻을 수 있습니다.

196 • 프로도 인정하는 저희의 시스템으로 바로 간단히 〈문제를 해결〉할 수 있습니다.

197 • 프로도 인정합니다. 이것이 〈이득〉을 얻는 최선의 방법입니다.

198 • 프로도 인정합니다. 이것이 〈문제를 해결〉할 수 있는 최선의 방법입니다.

199 • 모두가 문제 삼고 있습니다. 이 〈수량 스텝/요령/비밀〉을 통해 여러분도 〈이득〉을 얻을 수 있습니다.

200 • 모두가 문제 삼고 있습니다. 불과 〈기간〉에 여러분도 〈이득〉을 얻을 수 있습니다.

201 • 모두가 문제 삼고 있습니다. 불과 〈기간〉에 여러분도 〈문제를 해결〉할 수 있습니다.

202 • 모두가 문제 삼고 있습니다. 이 〈수량 스텝/요령/비밀〉을 통해 여러분도 〈문제를 해결〉할 수 있습니다.

203 • 이 〈이득〉을 얻기 위한 〈수량 스텝/요령/비밀〉은 어떤 때에도 사용할 수 있습니다.

204 • 이 〈문제 해결〉을 위한 〈수량 스텝/요령/비밀〉은 어떤 때에도 사용할 수 있습니다.

205 • 프로가 알려주는 불과 〈기간〉에 〈이득〉을 얻을 수 있는 방법

206 • 프로가 알려주는 불과 〈기간〉에 〈이득〉을 얻을 수 있는 방법, 그 〈수량 스텝/요령/비밀〉

207 • 프로가 알려주는 불과 〈기간〉에 〈문제를 해결〉할 수 있는 방법

208 • 프로가 알려주는 불과 〈기간〉에 〈문제를 해결〉할 수 있는 방법, 그 〈수량 스텝/요령/비밀〉

209 • 프로도 인정… 이것이 〈이득〉을 얻기 위한 최선의 방법

210 • 프로도 인정… 이것이 〈문제를 해결〉하기 위한 최선의 방법

211 • 드디어 밝혀진다! 놀랍도록 빨리 〈이득〉을 얻기 위한 확실한 방법

212 • 드디어 밝혀진다! 〈이득〉을 얻어 〈문제를 해결〉하는 방법

213 • 놀랍도록 빨리 〈이득〉을 얻고 싶어하는 사람들을 위해

214 • 무료로 알려주는 〈이득〉을 위한 〈수량 스텝/요령/비밀〉

215 • 〈이득〉을 얻는 데 도움이 되는 새로운 훌륭한 발견

216 • 〈기간〉 내에 〈이득〉을 얻는 데 도움이 되는 새로운 훌륭한 발견

217 • 〈기간〉 내에 〈문제를 해결〉하는 데 도움이 되는 새로운 훌륭한 발견

218 • 하나의 상품에 집약된 간단한 〈이득〉을 위한 조언

219 • 보증합니다! 불과 〈기간〉에 〈이득〉을 얻을 수 있습니다. 효과가 없다면 환불해드립니다!

220 • 보증합니다! 〈수량 스텝/요령/비밀〉을 사용해 불과 〈기간〉에 〈이득〉을 얻을 수 있습니다. 효과가 없다면 환불해드립니다!

221 • 보증합니다! 불과 〈기간〉에 〈문제를 해결〉할 수 있습니다… 효과가 없다면 환불해드립니다!

222 • 보증합니다! 〈수량 스텝/요령/비밀〉을 사용해 불과 〈기간〉에 〈문제를 해결〉할 수 있습니다. 효과가 없다면 환불해드립니다!

223 • 프로가 알려주는 〈이득〉을 얻기 위한 확고한 사실

224 • 〈이득〉을 얻기 위한 확고한 사실 – 놓쳐서는 안 됩니다!

225 • 빠르게 〈이득〉을 얻는 방법은 여기에서…!

226 • 〈기간〉 내에 빠르게 〈이득〉을 얻는 방법은 여기에서…!

227 • 〈기간〉 내에 빠르게 〈문제를 해결〉하는 방법은 여기에서…!

228 • 〈이득〉을 위한 〈수량 스텝/요령/비밀〉은 여기에서…!

229 • 〈문제를 해결〉하는 〈수량 스텝/요령/비밀〉은 여기에서…!

230 • 최고의 오퍼입니다. 최단 〈기간〉에 〈이득〉을 얻는 방법을 직접 알려드립니다!

231 • 불과 〈기간〉에 누구라도 〈이득〉을 얻어 〈문제를 해결〉할 수 있는 방법!

232 • 〈기간〉 내에 〈문제를 해결〉할 수 있었던 방법

233 • "〈이득〉을 얻는 방법을 알 수만 있다면" 간절히 생각해왔습니까?

234 • "〈문제를 해결〉하는 방법을 알 수만 있다면" 간절히 생각해왔습니까?

235 • 〈기간〉 내에 〈이득〉을 얻는 방법

236 • OOO에서 시작해 불과 〈기간〉에 〈이득〉을 얻는 방법

237 • 쉽고 간단히 〈이득〉을 얻는 방법 – 100% 보증합니다!

238 • 오늘, OOO에서 시작해 〈이득〉을 얻는 방법

239 • OOO에서 시작해 불과 〈기간〉에 〈문제를 해결〉하는 방법

240 • 쉽고 간단히 〈문제를 해결〉하는 방법 – 100% 보증합니다!

241 • 오늘, OOO에서 시작해서 〈문제를 해결〉하는 방법

242 • 제가 할 수 있었으니, 여러분도 할 수 있습니다! 지금 바로 〈이득〉을 얻어봅시다.

243 • 전해드리고 싶은 것이 있습니다. 〈이득〉을 얻는 것은 평소와 같이 쉽지만은 않았습니다.

244 • 여러분은 의심하고 계실지도 모릅니다. 하지만 〈수량 스텝/요령/비밀〉을 통해, 여러분은 정말로 〈이득〉을 얻을 수 있습니다.

245 • 여러분도 할 수 있습니다! 지금 바로 〈이득〉을 얻어봅시다.

246 • 저와 비슷한 타입이라면 여러분도 바로 〈이득〉과 마음의 평안을 얻고 싶으실 것입니다. 여러분은 할 수 있습니다!

247 • 불과 〈기간〉에 〈이득〉을 얻을 수 있다고 상상해보십시오.

248 • 불과 〈기간〉에 〈문제를 해결〉할 수 있다고 상상해보십시오.

249 • 소개합니다. 불과 〈기간〉에 〈이득〉을 얻는 완전히 새로운 방법. 효과가 없다면 환불해드립니다!

250 • 여러분이 〈이득〉을 얻지 못한다니… 다른 사람들은 편하게 하고 있습니다.

251 • 여러분이 〈문제를 해결〉하지 못한다니⋯ 다른 사람들은 편하게 하고 있습니다.

252 • 자신이 〈이득〉을 얻어 〈문제를 해결〉할 수 있다니, 믿어지지 않아요.

253 • 불과 〈기간〉에 자신이 〈이득〉을 얻을 수 있다니, 믿어지지 않아요.

254 • 〈이득〉을 얻는 것은 결코 쉬운 일은 아닙니다. 하지만 그 방법을 알고 있다면 달라지죠!

255 • 〈이득〉을 얻는 것은 결코 쉬운 일은 아닙니다. 하지만 그 비밀을 알고 있다면 달라지죠!

256 • 지금까지 숨겨져 있던 〈이득〉을 얻기 위한 최선의 방법을 알려드립니다.

257 • 이대로 쭉 읽어보세요. 〈이득〉을 얻기 위한 방법이 쓰여 있습니다 – 가장 높게 평가받은 노하우 요약본입니다.

258 • 최신 뉴스! 그렇습니다. 불과 〈기간〉에 여러분도 〈이득〉을 얻을 수 있습니다.

259 • 최신 뉴스! 그렇습니다. 여러분도 〈이득〉을 얻을 수 있습니다. 그 방법을 알려드리겠습니다!

260 • 최신 뉴스! 그렇습니다. 불과 〈기간〉에 여러분도 〈문제를 해결〉할 수 있습니다.

261 • 최신 뉴스! 그렇습니다. 여러분도 〈문제를 해결〉할 수 있습니다. 그 방법을 알려드리겠습니다!

262 • 내용을 보고 〈이득〉을 얻는 방법을 찾아봅시다.

263 • 내용을 보고 〈문제를 해결〉하는 방법을 찾아봅시다.

264 • 〈이득〉을 얻고 싶습니까?

265 • 〈이득〉을 얻고 싶습니까? 성공을 향한 미래상은 여기에서…!

266 • 〈이득〉을 얻어 〈문제를 해결〉하고 싶습니까? 성공을 향한 미래상은 여기에서…!

267 • 〈문제를 해결〉하고 싶습니까?

268 • 최단 〈기간〉에 〈이득〉을 얻는 방법 – 최초로 공개하는 정보입니다!

269 • 바로 간단히 〈이득〉을 얻는 방법 – 최초로 공개하는 정보입니다!

270 • 처음으로 밝히는 최단 〈기간〉에 〈이득〉을 얻는 방법

271 • 속보! 여러분도 최단 〈기간〉에 〈이득〉을 얻을 수 있습니다. 그 방법을 소개해드리겠습니다!
272 • 속보! 여러분도 최단 〈기간〉에 〈문제를 해결〉할 수 있습니다. 그 방법을 소개해드리겠습니다!

273 • 지금 바로! 불과 〈기간〉에 〈이득〉을 얻을 수 있습니다. 100% 보증합니다!

274 • 지금 바로! 불과 〈기간〉에 〈이득〉을 얻을 수 있습니다. 효과가 없다면 환불해드립니다!

275 • 지금 바로! 불과 〈기간〉에 〈문제를 해결〉할 수 있습니다. 100% 보증합니다!

276 • 지금 바로! 불과 〈기간〉에 〈문제를 해결〉할 수 있습니다. 효과가 없다면 환불해드립니다!

277 • 이번에는 여러분도 불과 〈기간〉에 〈이득〉을 얻을 수 있습니다. 보증합니다!

278 • 이 시스템은 불과 〈기간〉에 〈이득〉을 얻는 데 도움이 됩니다. 보증합니다!

279 • 이 시스템은 불과 〈기간〉에 〈문제를 해결〉하는 데 도움이 됩니다. 보증합니다!

280 • 〈문제를 해결〉합시다. 우연이 아닙니다. 〈기간〉에 그 방법을 소개해드리겠습니다!

281 • 〈문제를 해결〉합시다. 우연이 아닙니다. 〈기간〉에 〈이득〉을 얻는 방법을 소개해드리겠습니다!

282 • 〈이득〉을 위한 확실한 조언 – 프로가 알려드립니다.

283 • 〈이득〉과 〈문제 해결〉을 위한 확실한 조언 – 프로가 알려드립니다.

284 • 〈이득〉을 얻는 데 도움이 되는 확실한 테크닉 – 절대적으로 확실합니다!

285 • 〈문제를 해결〉하는 데 도움이 되는 확실한 테크닉 – 절대적으로 확실합니다!

286 • 〈이득〉을 얻는 입증된 요령, 툴 그리고 전략

287 • 〈문제 해결〉의 입증된 요령, 툴 그리고 전략

288 • 바로 간단히 〈이득〉을 얻을 수 있는 효과적인 방법을 알려드립니다!

289 • 바로 간단히 〈문제 해결〉할 수 있는 효과적인 방법을 알려드립니다!

290 • 〈이득〉을 위한 〈수량 스텝/요령/비밀〉

291 • 〈이득〉과 〈문제 해결〉을 위한 〈수량 스텝/요령/비밀〉

292 • 불과 〈기간〉에 〈이득〉을 얻기 위한 〈수량 스텝/요령/비밀〉

293 • 두려워서 주저하는 일이 없도록 하기 위한 〈수량 스텝/요령/비밀〉 – 〈기간〉에 〈이득〉을 얻어봅시다!

294 • 두려워서 주저하는 일이 없도록 하기 위한 〈수량 스텝/요령/비밀〉 – 지금 바로 〈이득〉을 얻어봅시다!

295 • 〈문제 해결〉을 위한 〈수량 스텝/요령/비밀〉

296 • 〈이득〉을 진지하게 구하고 있습니까? 보증합니다! 〈목표〉를 달성하는 방법은 여기에서…! 효과가 없다면 환불해드립니다!

297 • 그렇습니다, 바로 간단히 〈이득〉을 얻을 수 있습니다. 상세 사항은 여기에서!

298 • 그렇습니다, 최단 〈기간〉에 〈이득〉을 얻을 수 있습니다. 상세 사항은 아래에 쓰여 있습니다!

299 • 그렇습니다, 바로 간단히 〈문제를 해결〉할 수 있습니다. 상세 사항은 아래에 쓰여 있습니다!!

300 • 그렇습니다, 최단 〈기간〉에 〈문제를 해결〉할 수 있습니다. 상세 사항은 아래에 쓰여 있습니다!

301 • 불과 〈기간〉에 〈이득〉을 얻기 위한 놀라운 비결

302 • 불과 〈기간〉에 〈문제를 해결〉하기 위한 놀라운 비결

303 • 불과 〈기간〉에 할 수 있는 〈이득〉을 얻기 위한 최선의 방법은?

304 • 〈이득〉을 얻기 위한 〈수량 스텝/요령〉의 완벽한 가이드

305 • 〈문제 해결〉을 위한 〈수량 스텝/요령〉의 완벽한 가이드

306 • 〈이득〉을 얻기 위한 완벽한 가이드

307 • 〈문제 해결〉을 위한 완벽한 가이드

308 • 프로가 알려주는 〈이득〉을 얻기 위한 결정판

309 • 프로가 알려주는 〈문제를 해결〉하기 위한 결정판

310 • 〈이득〉을 얻는 방법 – 가장 높게 평가받은 노하우 집대성입니다!

311 • 〈이득〉을 얻는 방법 – 가장 갖고 싶은 정보가 여러분의 손에!

312 • 〈이득〉을 바로 간단히 얻기 위한 길

313 • 불과 〈기간〉에 바로 간단히 〈이득〉을 얻기 위한 길

314 • 바로 간단히 〈문제를 해결〉하기 위한 길

315 • 불과 〈기간〉에 바로 간단히 〈문제를 해결〉하기 위한 길

316 • 불과 〈기간〉에 〈이득〉을 얻기 위한 진실… 100% 보증합니다!

317 • 〈문제 해결〉의 비밀

318 • 불과 〈기간〉에 할 수 있는 〈문제 해결〉의 비밀

319 • 〈이득〉을 얻기 위한 충격적인 진실!

320 • 〈문제를 해결〉하기 위한 충격적인 진실!

321 • 〈이득〉을 얻기 위한 진실

322 • 〈문제를 해결〉하기 위한 진실

323 • 〈이득〉을 얻을 수 없다고 생각하고 계십니까? 다시 생각해보세요!

324 • 〈이득〉을 얻을 수 없다고 생각하고 계십니까? 여러분에게 좋은 소식이 있습니다!

325 • 〈이득〉을 얻을 수 없다고 생각하고 계십니까? 여러분에게 기분 좋은 소식이 있습니다!

326 • 〈문제를 해결〉할 수 없다고 생각하고 계십니까? 다시 생각해보세요!

327 • 〈문제를 해결〉할 수 없다고 생각하고 계십니까? 여러분에게 좋은 소식이 있습니다!

328 • 〈문제를 해결〉할 수 없다고 생각하고 계십니까? 여러분에게 기분 좋은 소식이 있습니다!

329 • 현재 〈이득〉을 얻고 있는 많은 사람들도 자신이 할 수 있을 거라 생각하지 못했습니다.

330 • 〈수량 스텝/요령/비밀〉을 통해 현재 〈이득〉을 얻고 있는 많은 사람들도 자신이 할 수 있을 거라 생각하지 못했습니다.

331 • 현재 〈문제를 해결〉한 많은 사람들도 자신이 할 수 있을 거라 생각하지 못했습니다.

332 • 〈이득〉을 얻고 싶지만 아직 시작하지 못한 남성들에게

333 • 〈이득〉을 얻고 싶지만 아직 시작하지 못한 여성들에게

334 • 〈이득〉을 얻고 싶습니까? 여기에 그 방법이 쓰여 있습니다.

335 • 〈이득〉을 얻고 싶습니까? 이것을 보세요!

336 • 〈문제를 해결〉하고 싶습니까? 이걸 믿을 수 없으시겠죠?

337 • 〈문제를 해결〉하고 싶습니까? 이것을 보세요!

338 • 모두가 알았으면 합니다 – 〈이득〉을 얻으려면

339 • 프로가 알려주지 않았던 것 – 〈이득〉을 얻으려면

340 • 리더들이 알려주지 않았던 것 – 〈이득〉을 얻으려면

341 • 〈이득〉을 얻어 〈문제를 해결〉하고 싶다고 생각하십니까?

342 • 단 〈기간〉에 〈이득〉을 얻고 싶다고 생각하십니까?

343 · 〈문제를 해결〉하고 싶지 않습니까?

344 · 여러분도 〈이득〉을 얻고 싶지 않습니까?

345 · 여러분도 〈문제를 해결〉하고 싶지 않습니까?

346 · 그렇습니다, 이 〈수량 스텝/요령〉이 있다면 확실하게 〈이득〉을 얻을 수 있을 것입니다!

347 · 그렇습니다, 이 〈수량 스텝/요령〉이 있다면 확실하게 〈문제를 해결〉할 수 있을 것입니다!

348 · 그렇습니다, 이 〈수량 스텝/요령〉은 제가 〈이득〉을 얻는 데 도움이 되었습니다. 여러분에게도 효과가 있을 것입니다!

349 · 그렇습니다, 이 〈수량 스텝/요령〉은 제가 〈문제를 해결〉하는 데 도움이 되었습니다. 여러분에게도 효과가 있을 것입니다!

350 · 그렇습니다, 이 〈수량 스텝/요령〉은 간단히 〈이득〉을 얻는 방법을 배우는 데 도움이 됩니다!

351 · 그렇습니다, 이 〈수량 스텝/요령〉은 간단히 〈문제를 해결〉하는 방법을 배우는 데 도움이 됩니다!

352 · 그렇습니다, 여러분도 간단히 〈이득〉을 얻는 방법을 배울 수 있습니다!

353 · 그렇습니다, 여러분도 간단히 〈문제를 해결〉하는 방법을 배울 수 있습니다!

354 · 그렇습니다, 이 시스템으로 여러분도 〈이득〉을 얻을 수 있습니다. 어린 아이도 할 수 있을 정도로 간단합니다!

355 · 여러분의 〈문제를 해결〉하기 위한 길은 보증되어 있습니다. 효과가 없다면 환불해드립니다.

356 • 불과 〈기간〉에 〈문제를 해결〉할 수 있습니다. 보증합니다!

357 • 〈수량 스텝/요령/비밀〉로 〈문제를 해결〉할 수 있습니다. 보증합니다!

358 • 이 간단한 플랜을 따르면 〈이득〉에 대한 불안은 없어질 것입니다.

359 • 여러분도 〈이득〉을 얻어야 합니다!

360 • 여러분도 〈문제를 해결〉해야 합니다!

361 • 여러분은 〈이득〉을 얻는 것이 매우 힘든 일이라고 생각할지 모릅니다. 다시 생각해보세요!

362 • 불과 〈기간〉에 여러분은 〈이득〉을 얻을 수 있습니다. 효과가 없다면 환불해드립니다!

363 • 불과 〈기간〉에 여러분은 〈문제를 해결〉할 수 있습니다. 효과가 없다면 환불해드립니다!

# MARKETING

## 소제목을 쉽게 작성하는 262가지 패턴

1 • 면밀히 검토한 _____에 따르면 _____한 결과를 낳을 수 있습니다. 그리고 지금까지 밝혀지지 않았던 아무도 모르는 이러한 비밀을 알게 됨으로써 여러분 자신도 얼마나 _____할 수 있는지 보도록 합시다!

2 • 지금까지 쓰인(혹은 얘기한) _____의 최강의 비밀이나 요령, 트릭, 툴, 테크닉, 그리고 노하우가 이 멋진 _____에 모두 들어 있습니다.

3 • 어디에서도 얻을 수 없는 _____만의 _____ 무료 보너스

4 • _____가 있으면 실질적으로 여러분은 아무것도 하지 않아도 _____의 경쟁에서 우위를 선점할 수 있습니다!

5 • _____는 제가 잘하는 분야입니다!

6 • _____ vs _____의 완벽한 가이드

7 • _____와 _____를 불과 며칠 만에 할 수 있게 되는 100% 완벽한 패키지

8 • _____에 대한 확실한 방법

9 • 인생을 바꿀 만한 _____

10 • _____는 전혀 필요 없습니다!

11 • 여러분은 단지 이 패키지를 손에 넣기만 하면 됩니다, _____!

12 • _____나 _____, _____에 불만을 갖고서 아무것도 하지 않으시는 건 아닌가요?

13 • 더욱 멋진 것은 여러분의 불만을 100% 채워드릴 것을 보증한다는 것입니다!

14 • 그리고 그건 _____와 같은 방법입니다.

15 • 여러분이 _____와 _____를 할 수 있게 되는, 아무도 모르는 혁신적인 비밀을 알려 드립니다!

16 • 어떠한 조건이 있습니까?

17 • _____가 없어서 불만이십니까?

18 • 하지만 이 치명적인 실수를 해서는 안 됩니다.

19 • 하지만 저는 의심이 많고 부정적인 여러분이 무엇을 생각하고 있는지 압니다.

20 • 하지만, _____로 인해 정말로 놀랐습니다!

21 · 하지만 그것은 정말로 놀랍고도 간단한 결판이죠?

22 · 여러분이 이 리포트를 다 읽었을 때쯤에는 이런 것들을 알게 될 것입니다 :

23 · 여기에 있는 비밀로, 여러분의 _____를 새로운 레벨로 끌어올립시다.

24 · 올바른 _____를 찾아내기 위한 체크 리스트

25 · _____의 방법을 정확히 찾아내고 동시에 _____를 _____하기 위해 효과적으로 사용합시다.

26 · _____의 아무도 모르는 _____의 비밀을 찾아냅시다.

27 · _____를 하지 않으면 안 될 때, 막히는 경우가 있습니까?

28 · _____에 대해 불만을 가진 적 있으십니까? 만약 그렇다면 그 해결책은 하나밖에 없습니다. _____입니다!

29 · _____의 기한까지 행동해서 _____를 입수하고 _____를 이겨냅시다.

30 · 침착하게 _____를 하고 _____하게 하고 싶다고 생각하신 적 없으십니까?

31 · 여러분이 손에 넣을 수 있는 다른 _____는 여기에서…!

32 · 여러분이 _____로 얻을 수 있는 최강의 이득은 여기에서…!

33 · 여러분이 시작하는 방법은 여기에서 볼 수 있습니다.

34 • 절대 놓쳐서는 안 되는 방법은 여기에서 볼 수 있습니다.

35 • 지금 바로 _____를 시작하는 방법은 여기에서 볼 수 있습니다.

36 • 저의 조건 없는 _____ 리스크도 없는 보증은 여기에서 볼 수 있습니다!

37 • 이 _____가 효과가 있다는 증거는 여기에서 볼 수 있습니다.

38 • 결론은 이렇습니다.

39 • 아시겠습니까?(잘 들어주세요/이렇게 합시다)

40 • 특별히 경제 상황이 좋지 않은 때에도 수익을 급격히 상승시키는 _____의 결정적인 스텝 바이 스텝 가이드

41 • 이 프로그램을 지금까지 본 무엇보다도 _____로 삼고 있는 차이는?

42 • 이 _____를 지금까지 본 무엇보다도 _____로 삼고 있는 것은?

43 • 여러분이 _____를 통해 손에 넣을 수 있는 것은 여기에서 볼 수 있습니다.

44 • 여러분이 _____를 시작할 때 필요한 것은 여기에서 볼 수 있습니다.

45 • _____의 새로운 발견!

46 • 어떤 _____라도 _____로 _____를 절약할 수 있는 방법

47 • _____로 효과가 있다고, 어떻게 확신할 수 있습니까?

48 • 어떻게 참가할 수 있습니까?

49 • 얼마나 간단히 시작할 수 있습니까?

50 • _____로 제가 실패한 후 다시 일어서 성공할 수 있었던 방법

51 • 얼마입니까?

52 • _____로 _____하는 방법

53 • 불과 _____시간 만에 _____하는 방법

54 • _____에 관한 충격적인 진실을 밝혀봅시다. 한번 사실을 알고 나면 여러분은 _____하기 시작할 것입니다.

55 • 지금부터 _____일 이내에 주문해주시면, _____원 상당의 무료 보너스를 얻으실 수 있습니다!

56 • 여러분이 정말로 _____하고 싶고 _____하고 싶다면 그저 _____합시다.

57 • _____를 손에 넣고 싶다면 지금 바로 행동으로 옮겨야만 합니다!

58 • _____에 시간을 할애해도 괜찮다면, 여러분의 성공을 약속하는 _____를 발견할 수 있습니다. 더욱이 _____와 _____도 드립니다.

59 • 중요! 저희의 _____를 기간 한정으로 이용하실 수 있습니다. 추가 이득에 대해서는 다음 내용을 읽어 보세요.

60 • 즉, 간단히 말하자면…

61 • 이 _____하고 똑똑한 지식 외에도 아직 더 있습니다!

62 • 노력하지 않아도 _____를 _____할 수 있는 방법에 대해 알려드립니다. 100% 보증합니다!

63 • 절대 확실, 100% 환불 보증

64 • 더 있습니다. 여러분의 _____는 저의 _____원의 보증으로 완전히 보호되고 있습니다!

65 • 여러분이 _____할 수 있는 기회입니다.

66 • 그저 _____만 하는 것뿐입니다. _____를 시작합시다!

67 • 이것은 빙산의 일각에 불과합니다!

68 • _____의 프로를 만나서 _____의 비밀을 모두 가르쳐달라고 합시다.

69 • _____를 통해 _____하는 방법을 배웁시다.

70 • 부자가 될 수 있는 _____를 배웁시다.

71 • 제가 그 비밀의 문을 열게 해주십시오.

72 • _____를 해봅시다.

73 • 다른 _____가 무엇을 말하는지 봅시다.

74 • _____를 봅시다.

75 • _____에 대해 다른 사람이 하는 말을 들어봅시다.

76 • 저의 진짜 목적은…

77 • 평생 최고의 보물입니다!

78 • 이제 여러분은 _____로 _____할 수 있습니다.

79 • 이번에는 여러분이 받게 될 무료 보너스에 관해 이야기해봅시다!

80 • 여러분도 할 수 있습니다!

81 • 이번에는 여러분이 _____할 기회입니다.

82 • 물론 질문이 더 있으시겠죠?

83 • 그런데 제가 여러분을 지원하는 이유는 _____가 있습니다.

84 • 한 편, _____.

85 • 이 _____를 손에 넣으면 이런 것도 가능합니다.

86 • 여러분의 _____를 몇 백만 명의 사람들에게 보여줍시다!

87 • 더욱이, _____ 외에도 입수할 수 있는 것이 있습니다.

88 • _____의 스텝 바이 스텝 시스템

89 • 여러분의 시간, 노력, 돈을 위험으로 내몰지 마세요. _____를 위한 확실한 방법을 _____가 알려드립니다!

90 • 여러분의 _____를 지금 바로 컨트롤합시다!

91 • _____에 대해 저에게 조금 더 알려주세요.

92 • 성공을 결정짓는 최고의 것, 그것은 _____입니다!

93 • 절대로 실패하지 않는 결코 힘을 잃지 않는 _____의 전략

94 • _____의 최선의 방법은? 모두의 마음에 자리한 질문의 답은?

95 • 선택하는 것은 여러분입니다.

96 • _____의 구성 요소란?

97 • _____에 관한, 가치 있는 진실

98 • _____가 도착하는 날이 _____의 시작입니다.

99 • 여러분의 _____를 _____로 바꿀 이상적인 방법

100 • 사상 최고의 보증입니다!

101 • 새로운 _____의 재택 학습 프로그램

102 • 여러분이 _____해온 이유는 직접 _____와 관계가 있습니다.

103 • 간단한 질문이 있습니다.

104 • 이것을 생각해봅시다.

105 • 이 _____에는 다음의 것도 포함됩니다.

106 • 이 _____는 가치 있는 보너스입니다. 판매하는 것이 아닙니다!

107 • 이 _____는 여러분이 바로 _____를 시작하기 위한 티켓입니다.

108 • 이 놀라운 _____는 아무도 알려주지 않았던 비밀을 밝혀줍니다. 지금 바로 _____할 수 있는 확실한 전략입니다.

109 • 이 정보는 여러분이 지금까지 _____한 무엇보다도 _____하기 위해 중요할 수 있습니다.

110 • 이것은 여러분이 지금까지 본 어떤 것과도 다릅니다.

111 • 즉, 만약 여러분이 _____하면 어떤 _____도 갖지 못할 것입니다.

112 • 이 _____는 모든 것을 밝혀줍니다.

113 • 이 가치에 대한 더한 증거를 알고 싶습니까?

114 • 진지하게 말씀드리자면, 여러분은 지금 바로 행동해야만 합니다. 왜냐면 저희는 _____이기 때문입니다.

115 • 사실, 여러분은 무엇을 얻고 있습니까?

116 • _____를 도입하는 데 얼마가 듭니까?

117 • _____하는 데 어떠한 투자가 필요합니까?

118 • 이 발견에 왜 그런 가치가 있습니까?

119 • _____에서 최선의 것은 무엇입니까?

120 • 누가 _____을 얻어야만 합니까?

121 • 왜 제가 이렇게까지 호기로운 걸까요?

122 • 여러분은 좀 더 _____하고 싶습니까?

123 • 여러분은 바로 _____를 손에 넣을 수 있습니다.

124 • 여러분은 이 _____에 투자해야만 합니다!

125 • 여러분은 _____도 하실 것입니다.

126 • 이 이상으로 간단하고 확실한 _____의 방법은 결코 찾을 수 없을 것입니다.

127 • 여러분의 _____가 전부입니다.

128 • _____로 가는 직행 루트!

129 • _____에서의 성공은 완전히 _____에 달려 있습니다.

130 • 여러분은 _____로, 모든 것을 쓸모 없게 만들고 있습니다.

131 • _____를 다뤄봅시다.

132 • _____의 아무도 몰랐던 비밀이 밝혀집니다!

133 • 다음 달쯤에는 여러분에게 _____이 있을 것입니다.

134 • 여러분은 이러한 _____를 _____할 수 있습니까?

135 • _____에 관한 _____의 가장 중요한 질문에 답할 수 있습니까?

136 • 이 _____의 시험에 붙을 수 있을까요?

137 • 오늘의 _____ 중에 정말로 _____를 달성할 수 있습니까?

138 • 그들과 _____에 대해 이야기할 수 있습니까?

139 • 주의 : 이 프로그램으로 너무 _____하지 마세요.

140 • _____를 극복합시다.

141 • 용기를 가지고 _____합시다.

142 • 불황에 강한 _____.

143 • 대부분의 _____가 _____를 쓸모 없게 만든다는 것을 알고 계십니까?

144 • _____로 여러분이 _____할 수 있는 _____를 찾아봅시다.

145 • _____의 무한한 찬스를 찾아봅시다.

146 • 여러분이 모르는 _____를 찾아봅시다.

147 • _____해서는 안 됩니다.

148 • _____를 부러워하는 것이 아니라 여러분이 그 사람이 되는 겁니다.

149 • 모두가 한 개쯤은 _____를 가지고 있어야 합니다.

150 • 여러분의 _____에 대한 힘을 높입시다.

151 • _____를 즐겨 더욱 _____합시다!

152 • _____를 제거합시다.

153 • 지금까지 _____한 적이 없을 정도로 _____합시다.

154 • _____를 부럽다고 생각한 적 있습니까?

155 • _____를 본 적 있습니까?

156 • _____를 향한 지름길은 여기에서…!

157 • _____는 어떻게 할 수 있을까?

158 • 1년에 _____개월 일해서 평균 _____원 _____하는 방법

159 • _____가 _____가 된 방법

160 • 괴로울 때에 _____하는 방법

161 • 하룻밤에 _____하는 방법

162 • 간단한 아이디어로 _____하는 방법

163 • _____하지 않고 _____하는 방법

164 • _____에서 돈 버는 방법

165 • 효과 있는 _____를 찾았습니다.

166 • 저는 필요한 _____는 전부 갖고 있습니다. 여러분은 어떤가요?

167 • 저는 다른 사람이 _____하는 것을 도와줍니다!

168 • _____와 얘기할 때까지 저는 성공한 것이라 생각했습니다.

169 • 이 _____의 요령을 사용할 때는 정신이 혼미할 정도로 두려웠지만, _____가 너무나도 훌륭해서 놓을 수 없었습니다.

170 • 만약 여러분이 _____라면, 여러분의 _____가 마음에 드시겠죠.

171 • 만약 여러분이 _____라면, 여러분은 _____할 수 있습니다.

172 • 10년 안에 _____를 하나 살 생각이라면 이것이 바로 그것입니다.

173 • 만약 여러분이 _____할 수 있다면, 여러분은 _____할 수 있습니다!

174 • 만약 여러분이 이러한 질문에 답할 수 있다면 이 _____는 필요 없습니다.

175 • 여러분이 지금까지 _____하고 싶었다면, 지금 할 수 있습니다.

176 • 이렇게 간단히 _____하다니, 비도덕적인 걸까요?

177 • 여러분의 _____를 유지하는 데 하루에 _____원의 가치가 있습니까?

178 • 여러분의 _____에는 _____원의 가치가 있습니까?

179 • 여러분의 _____는 _____에 비해 안전합니까? 이 테스트를 통해 알아봅시다.

180 • 여러분의 미래에는 _____의 가치가 있습니까?

181 • _____할 때는 _____입니다.

182 • _____는 신경을 건드리는 것보다 힘든 일입니까?

183 • _____하는 것은 여러분이 생각하는 것보다 간단합니다.

184 • _____로 돈을 버는 것은 간단합니다.

185 • 여러분의 놀라운 _____로 돈 버는 것은 간단합니다.

186 • 여러분이 알고 있는 것만이 아닙니다. _____이기도 합니다.

187 • 여러분이 _____한 것만은 아닙니다. _____이기도 합니다.

188 • 여러분도 _____를 알아야 할 때입니다!

189 • 정말입니다. 다른 사람의 _____를 돕기만 하면, 여러분은 _____가 될 수 있습니다!

190 • _____에게 여러분의 _____를 빼앗기지 않도록 합시다.

191 • _____를 위한 _____의 열쇠?

192 • _____의 방법을 알아봅시다.

193 • 최고의 _____ 팀에게서 배웁시다.

194 • _____가 _____에 도움이 되는 방법을 배웁시다. 여러분에게 훌륭한 _____를 부여해 _____에 도움을 줄 것입니다!

195 • 어디서 어떻게 _____할지 배웁시다.

196 • _____ 정도로 단기간에 _____를 배운다. _____의 간단한 세션에서 기본을 배웁시다.

197 • _____처럼 _____하는 것을 배웁시다.

198 • 여러분이 _____할 수 있는 방법이 몇 가지가 있는지 알려드리겠습니다.

199 • 제가 여러분의 _____, _____, _____, _____를 피드백 해서 _____를 개선하기 위해 할 수 있는 행동을 제안해드리겠습니다.

200 • 이것이 여러분에게 도움이 되도록 해봅시다.

201 • _____로 여러분이 _____할 필요가 있는 모든 것

202 • 몰랐던 _____하는 방법

203 • 여러분의 다음 _____는 _____일지도 모릅니다.

204 • _____의 새로운 컨셉

205 • 별로 _____하지 않은 사람을 위한 새로운 조언

206 • 여러분은 _____를 손에 넣을 수 있습니다!

207 • 여러분은 바로 _____할 수 있습니다!

208 • 여러분은 _____를 만든 _____의 비밀을 배울 수 있습니다. 무료입니다!

209 • 진짜 _____의 비밀을 밝혀주는 오래된 책을 찾았습니다.

210 • _____명 이상의 지혜로부터 이익을 얻읍시다.

211 • _____에게서 자신을 지킵시다.

212 • 여러분이 YES라고 하면 내일은 _____의 방법을 알 수 있습니다.

213 • 얼마나 간단히 _____할 수 있는지 봅시다.

214 • 여러분의 _____에 관한 놀라운 사실이, 거짓을 말할 수 없는 이유를 봅시다!

215 • _____를 창조하고 유지하기 위한 지름길

216 • 여러분은 _____해야 합니까?

217 • 여러분은 지금 바로 _____를 시작해야 하지 않습니까? 아직 _____하고 있습니까?

218 • 귀중한 _____ 시간을 쓸모 없게 만들지 맙시다!

219 • 여러분의 _____가 어디인지 이것저것 생각하지 맙시다.

220 • 어떤 _____라도 기능한 슈퍼 _____

221 • 더 발전한 _____를 얻기 위한 초고속 방법

222 • _____로 _____의 _____를 하는 방법

223 • 제가 _____명 이상을 취재해서 배운, 최고의 _____의 비밀

224 • _____의 놀라운 _____

225 • _____를 바꾸는, 놀라운 _____

226 • 놀라운 _____의 잃어버린 _____의 비밀

227 • 놀라운 _____의 손실된 비밀

228 • _____의 답은 간단합니다.

229 • _____의 요령

230 • 무조건 _____하는 가장 간단한 방법

231 • _____의 진상

232 • 여러분이 쉬고 있을 때 _____하는 장치

233 • _____하면 할수록 여러분은 _____를 얻을 것입니다.

234 • _____에 숨겨진 비밀

235 • _____의 비밀

236 • _____하는 비밀, 여러분도 같은 것을 하려면

237 • _____로 _____하는 비밀 스텝

238 • _____를 없애기 위한 지름길

239 • _____를 향한 최단 루트

240 • _____의 올바른 방법, 잘못된 방법

241 • 여러분을 잘못되게 하는 _____개의 잘못된 오해, 이미 여러분은 _____개의 실수를 하고 있습니다.

242 • 여러분이 _____할 수 있는 방법이 아직 하나 있습니다.

243 • _____의 _____가 있습니다!

244 • 여러분의 _____에 도움이 되는 _____개의 비밀

245 • _____하고 있는 많은 사람들, 아무도 자신이 할 수 있을 거라 생각하지 못했습니다.

246 • 여러분의 _____를 _____로 바꿉시다.

247 • _____를 _____로 바꾸는 것

248 • _____로 _____의 힘을 해방시킵시다.

249 • 여러분이 _____한 어떤 _____과도 다릅니다.

250 • _____를 사용하면 여러분의 재산에 위험을 끼칠 수도 있습니다.

251 • 룰을 어겼다고요? 드디어 편하게 _____할 수 있는 방법을 찾았습니다.

252 • 여러분이 보다 빨리 보다 솜씨 좋게 _____할 수 있다고 보증합니다. 그렇지 않을 경우 환불해드립니다.

253 • _____로 여러분은 어떤 결과를 얻었습니까?

254 • 여러분의 _____에는 어떤 가능성이 있습니까?

255 • _____가 _____라고 느낄 때는 이런 것을 합니다.

256 • _____하고 싶은 사람은 달리 더 없습니까?

257 • _____명 이상의 사람이 _____를 주문한 이유는 무엇일까요?

258 • _____의 사람들은 왜 언제나 _____하는 걸까요?

259 • 이 _____가 있다면 여러분은 결코 _____되지 않을 것입니다.

260 • 여러분은 _____하세요. 나머지는 저희가 하겠습니다.

261 • _____로는 거기까지가 한계입니다.

262 • 여러분에게는 무료로 드리겠습니다. _____가 드리는 선물입니다.

## MARKETING

## 바보의 훈수
#3

예를 들어 '다이어트 초콜릿'이라는 제품이 있다고 합시다. 상품명을 들으면 왠지 모르게 '살이 빠지는 초콜릿?'이라는 이미지는 솟아나지만, 구체적으로 설명을 듣지 않으면 어떻게 살이 빠지는지? '어떻게 만든 것인지?' 등 구매까지는 이르지 않습니다.

그럼 구체적으로 말씀드리겠습니다.

### 1. STEP 1

세일즈 페이지 에 필요한 '요소'와 '블록 구성'

크게 나누어 '상품의 배경', '상품의 내용', '서비스'의 3가지로 분류됩니다.

당신이 소개하고 싶은 상품에 해당하는 부분이 있으면 내용을 상상하면서 참조하십시오.

〈 상품 배경 〉

- 산지 → 어디에서 채취했나?
- 재료 → 원료는 무엇을 사용하는 거야?
- 제조자 → 누가 만든 것이야?
- 생산 기간 → 얼마 동안 개발된 거야?
- 역사 → 상품의 역사는?
- 실적 → 과거 얼마나 팔린 거야?
- 이용자 → 어떤 사람이 이용하고 있어?

〈 제품 내용 〉

- 예를 표시 → 상품을 구체적으로 설명할 때 뭔가 예를 들어 설명
- 비교 → 경쟁사 등과의 비교 데이터를 제시
- 실증 → 연구 등에서 효과나 기능 등이 입증
- 숫자 → 실증 결과(효과)의 구체적 수치를 제시
- 우위성 → 어디가 얼마나 뛰어난지? 특허, 증거 등이 있으면 더욱 좋다.
- 권위 → TV, 미디어에서의 소개와 우명 인사, 관계자, 의사 등의 추천
- 안전성 → 생산 과정이나 보존 체제, 검사 기준 등을 제시
- 성분 → 구체적인 성분이 가져오는 효과 등을 제시
- 상품 안내 → 상품 페이지에 유도

〈 서비스 〉

- 가격 설정 → 타사와의 비교
- 배송 → 무료 우송 있으면 OK
- 환불 보증 → 있으면 더욱 좋다.
- 회원 서비스 → 회원을 가입하면 유익한 무언가가 있다.
- 배송 속도 → 최단 1일에 배송 등

항목은 상기 이외에도 고객에게 유익한 것이라면 많이 추가하십시오. 대충 쓰면 이런 느낌이 될 것으로 생각합니다. 지금 당신이 팔려고(소개) 하는 상품에 적용시켜 어떤 내용이 연상될지 상상해보십시오. 대부분의 항목이 떠오르면 나머지는 각각의 항목을 '블록'으로 정렬합니다.

이것만으로 세일즈 페이지의 뼈대는 완성됩니다.

## 2. STEP 2 세일즈 페이지 블록 배치

'다이어트 초콜릿'을 예로 설명하겠습니다. 가상으로 만든 내용이므로 그 점 감안하시기 바랍니다. 먼저 STEP 1의 내용을 텍스트로 채웁시다(내용은 허구입니다).

〈 상품 배경 〉

산지 → 어디에서 채취했나?
"카카오의 산지로 알려진" 카카오 매스 마을"

재료 → 원료는 무엇을 사용하는 거야?
"최근 TV 등에서 주목받고 있다."

제조자 → 누가 만든 것이야?
"카카오 매스 마을의 ㅇㅇㅇ씨 (가칭)"

생산 기간 → 얼마 동안 개발된 거야?
"다이어트 카카오가 발견 된 후 우유에 녹여 매일 마시고 있던 ㅇㅇㅇ씨가 순식간에 야위어갔다. 그리고 2년간에 걸쳐 상품화를 실현"

역사 → 상품의 역사는?
"아직 없다."

실적 → 과거 얼마나 팔린 거야?
"새로운 시리즈이므로 없음"

이용자 → 어떤 사람이 이용하고 있어?
"초콜릿을 아주 좋아하는 사람! 그렇지만 마르고 싶다고 생각하는 여성에게 이용하고 싶어요."

〈 제품 내용 〉

예를 표시 → 상품을 구체적으로 설명할 때 뭔가 예를 들어 설명
"우유에 녹여 마신다는 점에서 코코아와 같은 이미지. 음료인 점이 포인트"

비교 → 경쟁사 등과의 비교 데이터를 제시
"A사 다이어트 케이크와 비교 → 고체이므로 음료보다 마르기 어렵다. B사 다이어트 머스커드(포도의 한 종류)와 비교 → 수분이 많아 살이 찌지는 않지만 공복이 되기 쉽다."

실증 → 연구 등에서 효과나 기능 등이 입증
"마우스 실험에서 다이어트 초콜릿을 2주간 마시고 체중이 줄고 있음을 입증. 또한, 다이어트 초콜릿에 포함된 카카오에는 지방을 연소하기 쉽게 하는 효과가 있음을 ○○대학 의학 박사 ○○○에 의해 입증되었다."

숫자 → 실증 결과(효과)의 구체적 수치를 제시
"실험에 의하면 다이어트 초콜릿을 섭취하고 운동을 하면 지방 연소 효율이 약 30% UP되는 것으로 나타났다."

우위성 → 어디가 얼마나 뛰어난지? 특허, 증거 등이 있으면 더욱 좋다.
"운동 전에 마시는 것으로, 부드럽게 지방 연소가 가능하다. 게다가 성분 ○○가 포함되어 있기 때문에 공복이 되기 어렵다."

권위 → TV, 미디어에서의 소개와 유명 인사, 관계자, 의사 등의 추천
"TV 와이드 쇼에서 여러 번 방송으로 소개된 상태"

안전성 → 생산 과정이나 보존 체제, 검사 기준 등을 제시
"자연이 풍부한 "강원도 ○○마을에서 생산. 제품은 적정 온도 3도에서 보존. 고객은 최적 온도를 유지한 상태에서 전해드립니다."

성분 → 구체적인 성분이 가져오는 효과 등을 제시
"다이어트 초콜릿에 포함된 카카오 성분 초콜릿 비타에는 통상의 카카오보다 지방을 연소하기 쉬운 ○○○성분이 풍부하게 포함되어 있어 그 효과가 실증되고 있다."

상품 안내 → 상품 페이지에 유도
"경쟁 A사와 동일한 가격이지만 지금 구매하시면 1개월분을 추가로 서비스 중."

이런 느낌입니다. 어디까지나 가상이므로 양해바랍니다.

상품에 따라서는 좀처럼 항목이 메워지지 않는 경우도 많이 있으리라 생각하지만 세일즈 페이지는 "어떻게 상품을 잘 보이고 고객에게 이해받은 다음 구입해달라고 하는가?"가 중요합니다. 물론 거짓말은 안 되기 때문에 허용하는 범위 내에서 해야 합니다.

원고의 준비가 되었으므로 실제로 블록에 배치하려고 합니다.

블록 1. 목표 First View 실적 성과 등의 메리트

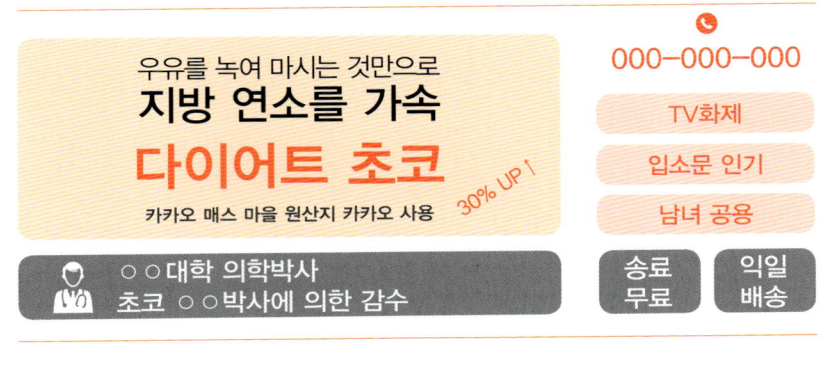

블록 2. 구입 버튼

첫 회 할인 캠페인, 상품 내용, 가격      구입 버튼

블록 3: 문제 정의

이런 분들에게 추천

쉽게 살이 찐다      체지방이 신경 쓰인다.

블록 4. 문제 정의에 대한 근거

이러한 원인은 기초대사의 저하에 있습니다.

더욱 자세하게 원인을 설명

## 블록 5. 문제 해결의 어려움

이러한 원인은 기초대사의 저하에 있습니다.

더욱 자세하게 원인을 설명

## 블록 6. 해결책 제시, 상품 PR

즉,
30대 이후는 기초대사가 나쁘게 되어
지금까지의 운동량으로는 이전처럼
살을 빼기 어렵습니다.

이때 등장하는것이 다이어트 초코
다이어트 초코는 기초대사를 높이는 효과가 있습니다.
실증, 그리고 자세한 설명 실험결과들을 공개
타사와의 비교 등

## 블록 7. 권위자에 의한 실증·추천

○○대학 의학박사
초코 ○○○

운동 전에 마시면 자연스럽게 지방 연소가 가능, 또한 성분 ○○이 포함되어 있어 공복이 되지 않습니다. 다이어크 초콜릿에 포함된 카카오에는 지방을 연소하기 쉽게 하는 효과가 있으므로 아이처럼 건강하게 뛰어 다닐 수 있습니다. 라고 말하는 ○○대학 의학 박사 ○○○

## 블록 8. First Closing

**결론**
기초대사 저하에는 다이어트 초코가 최고!
건강한 다이어트 체질을 목표로 하자!

### 블록 9. 구입 버튼

첫 회 할인 캠페인, 상품 내용, 가격 　　구입 버튼

### 블록 10. 안정성을 구체적으로 제시

산지, 생산자 소개, 대표자 인사
제조법, 보관 방법 소개

### 블록 11. 자신의 증상과 비슷한 체험자의 소리

체험자의 소리

### 블록 12. 생각할 수 있는 Q&A전부

Q & A

### 블록 13. 권위, 구체적 미디어 표시

미디어 게재 정보

### 블록 14. 구입 버튼

첫 회 할인 캠페인, 상품 내용, 가격 　　구입 버튼

### 블록 15. TEL 000-000-0000

문의
상품에 대해 궁금한 사항이 있으시면
다음의 다이얼로 편하게 전화 주시기 바랍니다.
📞
010-0000-0000

# MARKETING

PART 3

# PART 4

## 자동판매의 핵심
### - 스텝메일 -

## MARKETiNG

## 스텝메일이란?

　스텝메일이란, 랜딩페이지 또는 메일 매거진에 등록한 사람에게 첫 번째, 두 번째, 세 번째 메일을 자동으로 발송하는 장치입니다. 오퍼를 신청한 사람에게 7일에 걸쳐 매일 메일을 발송할 수도 있고, 일주일에 한 통씩 보낼 수도 있습니다.

　기간은 자유롭게 설정하면 되는데, 3~7회에 거쳐 스텝메일을 보내고 클로징으로 유도하는 것이 평균적인 발송 횟수입니다. 미국, 일본의 경우 12회, 24회에 거쳐 스텝메일을 보내기도 하는데 우리나라의 경우 세일즈까지의 기간이 너무 긴 것보다 7회 이내에 클로징으로 유도하는 것이 반응이 좋습니다.

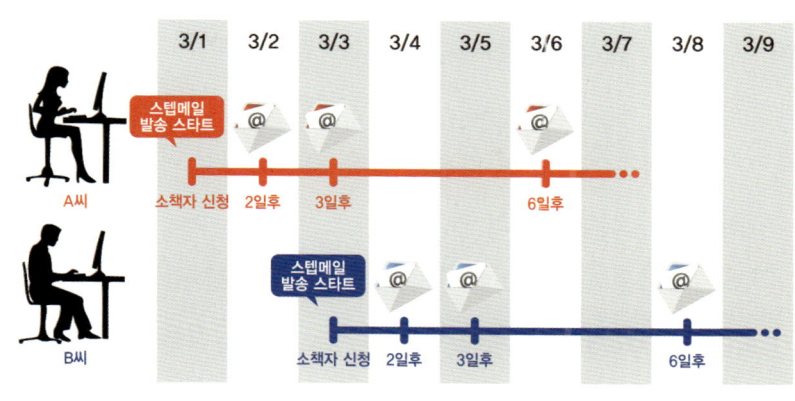

예를 들어 메일 매거진을 발행한다고 하면, 통상적인 메일 매거진의 경우 오늘 메일 매거진을 등록한 사람에게 어제 발송된 메일 매거진을 보내고 싶어도 오늘 이후에 등록한 사람은 그것을 읽을 수가 없습니다.

만일 어제의 메일이 당신이 고객에게 전하고 싶은 매우 중요한 내용이며 모든 고객이 읽었으면 하는 메일이라도 오늘 이후에 등록한 사람은 그것을 읽을 수가 없습니다.

반면 스텝메일은 언제 메일 매거진에 등록하더라도 같은 내용을 같은 간격으로 발송할 수 있습니다. 내가 전하고자 하는 정보를 빠짐없이 모든 독자에게 전달할 수 있는 것입니다. 이메일은 향후 10년 동안 활약할 가장 효과적인 마케팅 채널 수단이며, 소셜미디어, 디스플레이 광고, 검색 광고, 제휴 마케팅, 이메일 마케팅 중

ROI(투자 수익)가 가장 높다는 보고가 있듯이, 이메일은 마케팅에서 무시할 수 없는 수단입니다.

스텝메일을 사용하면 다음과 같은 장점이 있습니다.
**첫 번째, 성약까지의 과정을 자동으로 할 수 있습니다.**
스텝메일을 사용함으로써 자료를 청구한 사람이나 메일 매거진에 등록한 사람에게 몇 회로 나누어 자동으로 메일을 보낼 수 있습니다. 이 메일 안에 자사를 소개하거나 상품을 소개하면 성약을 할 때까지 완전히 자동화됩니다.

**두 번째는, 한번 스텝메일에 등록하면 나중에 사고 싶다고 생각하는 사람을 지속적으로 관리할 수 있습니다.**
요즘 같은 시대에는 많은 정보가 넘쳐나기 때문에 웹사이트를 방문해 바로 구입하는 경우보다는 더 많은 사이트를 비교하거나 정보를 알아본 후 구입하고자 하는 사람이 많을 것입니다. 그래서 웹사이트를 방문하는 사람을 스텝메일에 등록하게 해서 계속적으로 메일을 발송하고 구매로 이어질 수 있습니다.

**세 번째, 고객관리를 자동화한다.**
상품을 구입한 사람을 관리하는 것도 스텝메일로 할 수 있습니다. 예를 들면, 상품을 구매한 사람에게 일주일간 자동으로 상품의 사용법이나 자주 하는 질문 등을 스텝메일로 보내면 더욱 만족도를 높일 수 있게 됩니다. 또한, 팔로우 스텝메일에서 다른 상품을 제안할 수도 있고 또 다른 매출로 이어질 수 있습니다.

### 네 번째, 개선할 수 있다.

스텝메일의 마지막 장점은 언제나 개선할 수 있다는 것입니다. 수동으로 메일을 보내면 어쩌다 내용이 좋을 때는 상품이 팔리고, 그렇지 않으면 팔리지 않는 판매 확률이 반반이 될 수 있습니다. 스텝메일을 사용하지 않고 수동으로 메일을 보내고 있다면 매회 메일 내용이 달라지게 됩니다.

그러면 무엇을 개선하면 성약률이 올라가는지 판단할 수가 없습니다. 하지만 스텝메일을 사용할 경우, 언제나 같은 내용을 같은 순서대로 보내기 때문에 잘되고 있는 것인지, 그렇지 않은지 계측할 수가 있습니다.

스텝메일에 등록한 사람 중 몇 명과 성약이 이루어졌는지 알면 그 수를 기준으로 개선할 수 있습니다. 예를 들면, '스텝메일에서 몇 통째에 클릭률이 내려갔을까?', '어떤 제목으로 보내면 개봉률이 높은가?'와 같은 데이터를 간단히 얻을 수 있습니다. 그런 데이터를 기초로, 좋지 않은 부분을 언제든지 개선함으로써 전체적인 성약률이 높아지게 됩니다.

MARKETING

# 스텝메일 시나리오 작성 시 많은 사람이 범하는 잘못

'스텝메일'이란 독자 등록을 한 '예상 고객'에게 미리 작성된 메일을 예약한 날짜에 단계적으로 보내는 대부분의 메일 매거진 서비스에 붙어 있는 편리한 기능의 하나이지만, 편리하다고 해서 매번 상품 홍보 메일을 보내도 되는가 하면, 그렇지 않습니다.

스텝메일의 진정한 목적은 당신 회사와 당신의 홈페이지에 흥미를 가지고 메일 매거진에 등록해준 사람들을 '예상 고객'으로 키워나가는 것입니다. 어떻게 하면 그 독자를 예상 고객으로 키워나가는 것이 가능한지에 대한 관점에서, 전략적으로 스텝메일 시나리오 작성을 생각할 필요가 있습니다.

통계상 스텝메일은 일반 메일 매거진을 전송했을 때보다 메일 개봉률이 3배 이상, 클릭률이 5배 이상입니다.

이는 어디까지나 평균값입니다. 매우 신기한 일이지만, 스텝메일을 효과적으로 사용하면 보통 메일 매거진 캠페인보다 훨씬 높은 결과를 얻을 수 있습니다.

*"아직 당신의 예상 고객이 되지 않은 독자를 시간을 두고 당신의 예상 고객으로 키워나가는 것…!"*

이것이 스텝메일의 대원칙입니다. 이 대원칙에 의해 스텝메일 작성에 유의하면 필연적으로 스텝 시나리오의 내용과 순서는 어떻게 하면 좋은지 진지하게 머리를 써서 생각하게 될 겁니다.

독자는 평균적으로 매일 수십 통의 메일을 받고 있습니다. 대기업이 발행하는 메일 매거진에서 많이 볼 수 있는 예로, 그 기업의 상품과 회사 경력, 칼럼 등을 한 통의 메일 속에 담는 경향이 많이 보입니다. 그러나 독자는 메일 본문을 처음부터 끝까지 읽어줄 정도로 한가하지 않습니다.

한 통의 메일 내에서는 '토픽은 하나로 좁혀나가는 것'이 매우 중요합니다. 한 통의 메일 안에 상품 정보, 기업 실적, 선물 링크들을 모두 나열해버리면 독자의 집중이 분산돼 보낸 메일 매거진의 효과가 반감되는 것은 물론 정보가 너무 많아 독자들이 어떤 정보도 읽어주지 않는 비참한 결과를 초래하는 경우도 있습니다.

두 마리 토끼를 쫓다가 한 마리도 얻지 못합니다.

스텝메일을 작성하는 경우 특히 '주제를 하나로 좁히는 것'에 신경을 집중시켜야 합니다.

MARKETING

# 스텝메일 시나리오 작성 방법

　스텝메일 작성 시 우선 제일 먼저 해야 할 일은 '골(목표)'과 '기간'의 설정입니다.

　랜딩페이지에서 독자 등록을 받은 후에 최종적으로 며칠 이내에 독자를 어떤 액션(행동)으로 이끌고 싶은가? 만일 '상품 판매'를 목표로 정하면 정해진 기간 내에 어떤 메일 어프로치를 하면 가장 많은 독자를 상품 구매자로 만들 수 있느냐는 독자의 구매 심리 차원에서 시나리오 프로세스를 구성할 필요가 있습니다.

　그 과정을 생각해 다음에 실시하는 것은 '각 스텝메일의 토픽 결정'입니다.

　토픽 결정은 즉, '작은 목적 설정'입니다. 사실 각 스텝메일 시나리오에는 모두 각각의 '작은 목적'을 설정하고 매번 그 작은 목적에 따른 간결한 메일 문장을 작성해야 합니다.

예를 들면, 독자 등록부터 2주일 동안 예상 고객 교육을 실시하고 2주 후에 상품을 판매한다는 목표 설정을 세웠다고 합시다. 그리고 14일에 거쳐 하루 간격으로 총 8개의 스텝메일을 보내겠다고 합시다.

당신이 그 다음에 하는 것은 첫 번째 스텝메일을 컴퓨터를 붙들고 갑자기 쓰기 시작하는 것이 아니라 8개의 메일 시나리오의 각각의 작은 목적을 명확히 해야 할 것입니다.

그때 작은 목적의 설정은 다음과 같이 메일 한 통에 하나로 좁힙니다.

---

Process

**스텝 1번째**
독자의 주의를 주목

↓

**스텝 2번째**
독자의 공감대 구축

↓

**스텝 3번째**
회사의 전문성 어필

↓

**스텝 4번째**

회사의 신뢰성 어필

↓

**스텝 5번째**

Win-Win 관계 구축의 출발

↓

**스텝 6번째**

독자에게 한층 더 공감받기

↓

**스텝 7번째**

Win-Win 관계의 추가 구축

↓

**스텝 8번째**

상품 클로징

---

 이렇게 8개의 스텝메일에서 각각의 '작은 목적 설정'을 하고 각 시나리오의 문장 작성에 착수합니다. 스텝메일을 작성하는 경우 골의 설정 각각의 메일에 대한 '작은 목적 설정'이 매우 중요하다고 했지만, 그럼 실제로 어떻게 스텝메일 시나리오 순서를 만들

어나가면 좋을까요?

효과가 뛰어난 이른바 뼈대가 되는 스텝메일 사례를 소개하겠습니다. 이 순서에 따라 당신의 비즈니스에 활용하면, 분명 놀랄 만큼 극적인 매출 효과가 있으리라 확신합니다. 꼭 시도해보세요.

MARKETING

# 매출을 10배 상승시키는 마법의 스텝메일 템플릿

## 1번째 스텝메일 (등록 직후)

### 목적 – 독자의 주의 끌기

첫 번째 메일은 무료 선물이나 무료 자료 청구 등에서 독자 등록 후에 보내는 등록 완료 메일입니다. 이 메일에 무료 선물의 다운로드 링크 등을 기재합니다.

또 당신의 메일 매거진을 구독하는 것에서 앞으로 어떤 이득과 정보를 얻을 수 있는지, 만약 다른 선물을 준비하고 있다면 어느 단계에서 다음의 선물을 받는지를 이 첫 번째의 메일에서 사전에 가르쳐드립니다(통상은 클로징에 다가갈 무렵에 보내는 스텝메일에서 제

2, 제3의 선물이 준비되어 있습니다).

'최초 등록 시에 선물을 받으니 이제 OK!'라고 독자가 생각하게 해서는 안 됩니다. 아주 큰 선물이 나중에 마련되어 있는 것을 미리 알려둡시다. 사전에 미래의 이익을 제시해 보여줌으로, 이제부터 시작하는 수일간의 스텝메일을 매번 읽을 수 있게끔 독자의 주의를 붙잡아놓는 효과가 있습니다.

### 2번째 스텝메일 (2일째)

#### 목적 - 공감의 구축

첫 번째 메일은 무료 선물이나 무료 자료 청구 등에서 첫 번째 보낸 선물을 독자가 마음에 들어 하는지를 궁금해하는 내용의 메일을 보냅니다. '어제의 선물은 마음에 들었습니까?' 등의 제목이 효과적입니다.

2번째의 메일로 독자에게 당신에 대해 더욱 더 잘 알리기 위해 당신의 블로그나 페이스북을 가르쳐주세요. 이렇게 하면 독자는 당신을 더욱 가깝게 느끼고 당신에게 공감을 갖게 됩니다.

스텝메일에서 최종적으로 상품을 클로징을 시키려면 처음 메일의 단계에서 당신과 독자 사이에 '관계'를 구축하는 것이 가장 중요합니다. 특히 이 2일째의 메일에서 스텝메일의 성공이 결정됩니다.

만약 등록 후 2일째 메일에서 당신 자신의 어필만 열심히 하면 독자는 떠나버리고 그 후의 메일을 읽어주지 않게 될 수 있습니다. 2일째의 메일은 자기 과시는 겸손하게 하고, 꼭 독자들이 생각한 내용의 글을 읽을 수 있도록 유의합시다.

### 3번째 스텝메일 (4일째)

#### 목적 – 당신의 전문성 어필

3번째의 메일에서는 드디어 당신의 전문성을 알리는 기회입니다. 세상의 누구도 아마추어와 함께 일하고 싶어하지 않습니다. 독자는 항상 그 분야의 전문가를 요구하고 있습니다.

이 메일에서는 당신의 지금까지의 실적을 제시하거나 당신의 블로그에서 지금까지 가장 많이 읽은 인기 기사를 소개하는 것도 효과적입니다. 또 그동안의 경력이나 일을 하는 모습을 동영상으로 소개하면 독자에게 아주 큰 영향을 줄 수 있게 됩니다.

또한, 만약 무료로 선물할 게 있다면 이 3번째 단계에서 제2의 선물을 제시해줌으로써 당신의 전문성 호소로 이어집니다.

### 4번째 스텝메일 (6일째)

#### 목적 – 당신의 신뢰성 어필

많은 사람은 제삼자의 의견을 매우 중요시하고 있습니다. 왜 사람들은 항상 매출 NO.1의 상품을 사고 싶은 것일까요?

다른 대다수의 사람도 사는 상품이니까 좋은 상품이 틀림없다는 집단 심리가 작용하기 때문입니다. 4번째 스텝메일에서는 객관적인 당신의 평가를 알 수 있는 자료를 독자에게 제시합니다.

과거에 당신으로부터 상품을 샀던 '고객의 소리'나 언론의 취재 기사이기도 합니다. 중요한 포인트는 자아 자찬이 아니라, 어디까지나 제삼자에 의한 당신의 평가라는 점입니다. 최근 페이스북의 소셜 코멘트 플러그 인 등이 자주 캠페인에서 사용되고 있지만 소셜 코멘트는 신용성의 공략에 있어서 매우 효과적으로 작용하는 툴입니다.

최대한 많이 제삼자의 증언을 모아 그것을 4번째 스텝메일로 독자들에게 한꺼번에 소개합니다.

### 5번째 스텝메일 (8일째)

#### 목적 – Win-Win 관계 구축의 스타트

인간은 무언가를 받으면 답례를 하고 싶어지는 심리가 작용합니다. 당신의 목적은 독자에게 일방적으로 상품을 강매하는 것이 아니라 우선 먼저 독자에게 메리트와 이익을 주는 것입니다. 즉, 'Win-Win 관계'의 구축입니다. 이 순서를 틀리면 상품은 팔리지 않습니다.

지금까지의 스텝메일을 통해 독자는 당신에 대해 많은 친근감을 느끼고 있을 것입니다. 이 단계에서 당신과 독자의 관계는 꽤 따뜻해져 있는 상태입니다.

이 타이밍에 추가로 다음의 선물을 드리는 것입니다. 여기서 아까워해서는 안 됩니다. 준비하는 선물 중 가장 상급의 선물을 이 단계에서 독자에게 주세요. 참고로 가장 좋은 선물은 절대로 최초의 스텝메일에서 넘겨서는 안 됩니다. 또 처음부터 많은 선물을 다 넘겨버리는 것도 NG입니다. 나중에 기대감을 갖게 하는 '애태우는 작전'을 항상 잊지 않도록 합시다.

### 6번째 스텝메일 (10일째)

### 목적 - 독자에게 한층 더 공감을 얻기

인간은 성공한 이야기에 공감합니다. 많은 할리우드의 대박 영화의 스토리가 '약한 주인공이 다양한 어려움과 시련을 딛고 성장, 성공하는 스토리'라는 패턴을 따라 하듯이 이 '성공 스토리'란 인간이 가장 공감을 느끼는 '황금 방정식'입니다.

이 6번째의 메일에서 겨우 당신의 개인적인 이야기를 털어놓을 기회가 왔습니다. 당신이 지금까지 어떤 실수와 고생을 거쳐 현재 성공에 이를 수 있었는지, 그리고 어떤 경위로 당신이 독자를 위해서 지금까지 선물을 주었는지를 이야기해보세요.

6번째 스텝메일이 당신의 멋진 스토리를 당당히 말할 수 기회입니다. '당신의 스토리를 이야기하는 것'은 앞 단계 시나리오에서 말해서는 안 됩니다.

독자와의 관계 구축이 되어 있지 않은 상태에서 당신의 이야기를 얘기해도 독자의 가슴에 와닿지 않습니다. 잘 모르는 사람에게 신세 한탄이나 고생담을 들으면 조금 짜증 나겠지요?

어느 정도 친해진 단계에서 고생 이야기를 듣고서야, "아아, 그런 일이 있었군요"라고 공감하게 될 것입니다. 당신의 이야기를 하는 것은 우선 '상대와의 거리를 좁혀 상대가 마음을 열면서부터!'라는 사실을 가슴에 새겨두세요.

### 7번째 스텝메일 (12일째)

**목적 – Win-Win관계의 추가 구축**

드디어 상품 클로징이 임박했습니다. 그러나 아직 서두르면 안 됩니다.

이 단계에서 어쩌면 지금까지 당신이 보낸 선물이나 동영상의 내용 확인을 못 한 독자가 있을지도 모릅니다. 클로징에 들어가기 전에 지금까지 건넨 선물의 링크 등을 확인을 위해 다시 알려드립니다. 그리고 지금까지 전한 선물은 사실 아직 전체의 빙산의 일각에 지나지 않는다는 것을 전합니다.

즉, 정말 큰 maindish는 아직 전달하지 않았다는 사실을 독자에게 인식시킵니다. 다음에 보낼 상품 판촉 메일 전에, 이 마지막으로 건네는 정말 큰 maindish에 따라 독자는 얼마나 크고 멋진 이익을 얻을 수 있는지를 어필합니다.

### 8번째 스텝메일 (14일째)

### 목적 – 상품 클로징

드디어 마지막 스텝메일 '상품 판매'입니다.

당신이 독자에게 팔려고 하는 상품에 따라 그동안 얼마나 많은 사람이 이익을 누리고 행복하게 되었을까?

또한, 이 상품을 사지 않는 것이 얼다나 독자의 생활에서 손실일지? "사지 않을 이유를 발견할 수 없다"라고 독자가 연상할 수 있을 정도로 철저히 세일즈를 합니다. 이 클로징에서는 양보를 해서는 안 됩니다.

　마지막 클로징에서는 좋은 의미에서 '고압적'이 되어야 합니다. 왜냐하면, 당신은 지금까지의 스텝메일로 천천히 시간을 두고 독자와의 관계를 구축해 그들의 마음을 확실히 붙잡는 데 성공하고 있기 때문입니다.

　'이 상품을 사지 않을 수가 없다' 이 정도의 기분으로 최상급의 소개 메일을 만들어보세요. 반드시 많은 사람이 기꺼이 당신의 상품을 사줄 것입니다.

MARKETING

## 스텝메일 시나리오를 생각할 때 중요한 점

**첫 번째는 스텝 수입니다.**

등록자에게 메일을 몇 번 보내면 좋을까? 이것은 모두가 고민하는 문제입니다. 일반적으로 7회, 14회, 21회 등으로 7의 배수로 설정하는 경우가 많습니다. 우리나라의 경우 짧게는 3회, 길면 7회 정도가 좋습니다.

**두 번째는 콘텐츠와 세일즈를 조합하는 것입니다.**

콘텐츠는 독자에게 도움이 되는 정보이고, 세일즈란 성약으로 연결하기 위한 상품 정보를 뜻합니다. 스텝메일을 작성할 때는 콘텐츠와 세일즈를 균형 있게 조합하는 것이 중요합니다.

콘텐츠만 있고 세일즈가 없다면 자원봉사로 좋은 정보를 공짜로 가르쳐주는 것에 지나지 않을 것이고, 반면 세일즈만 있다면 순식간에 독자가 등록 해지를 하거나 스팸 메일로 생각하게 됩니다. 독자에게 도움이 되는 콘텐츠와 자신의 목적을 달성하기 위한 세일즈를 잘 조합해야 합니다.

**세 번째는 가치관을 공유하는 것입니다.**

가치관의 공유는 세일즈로 이어지는 매우 중요한 포인트입니다. 메일 마케팅에서는 독자를 '교육한다'는 단어가 사용됩니다. 독자를 교육한다는 것은 단순히 독자에게 지식을 제공하는 것이 아닙니다. 독자에게 자신이 가진 가치관과 같은 가치관을 가지도록 한다는 것을 뜻합니다.

예를 들면 세상에는 우유가 몸에 좋다는 가치관을 가진 사람도 있고, 거꾸로 몸에 해롭다는 가치관을 가진 사람도 있습니다. 만약 여러분이 우유를 판매하는 회사 경영자라면 우유가 몸에 해롭다는 가치관을 가진 사람에게 아무리 자사의 우유가 훌륭한지에 대해 설명한다고 해도 판매할 수 없을 것입니다. 그럴 때는 자사 우유의 훌륭한 점을 전하기 전에 우선 우유는 몸에 좋다는 가치관을 공유해야 합니다.

소셜 미디어가 등장하기 시작했을 때, 세상에는 2가지의 가치관을 가진 사람들이 있었습니다. 하나는 소셜 미디어는 단순한 유행에 지나지 않으며 일반인에 보급되지 않을 것이라는 사람들입니다. 또 하나는 소셜 미디어는 일반적으로 수용될 것이므로, 지금 바로 도입하는 것이 좋다는 사람들입니다.

만약 여러분이 소셜 미디어 컨설턴트라면 "소셜 미디어는 앞으로 일반적으로 보급되어 비즈니스로 이어진다"라는 가치관을 갖게 하지 않으면 컨설팅 의뢰로 이어지지 않을 것입니다.

이것이 바로 교육, 가치관의 공유입니다. 간단히 말하면 무엇이 옳고 무엇이 잘못되었는지, 그것을 독자에게 가르치는 것입니다. 이러한 가치관의 교육을 스텝메일을 통해 해나가는 것입니다.

독자가 여러분의 상품을 구입하려면 어떤 가치관을 가지는 것이 좋을지 생각합시다. 스텝 수에 따라 달라지지만 성약률을 높이기 위해 스텝메일에 포함시켜야 하는 것은 다음의 3가지 부분입니다.

### 1. 신뢰감을 준다.

우선 신뢰감을 주려면 여러분의 자기소개부터 시작해서 지금까지의 실적, 당신이 신뢰할 수 있는 사람이나 회사라는 것을 나타내기 위한 질 높은 콘텐츠가 필요합니다.

신뢰감을 주기 위한 정보, 콘텐츠를 스텝메일의 첫 번째 단계에서 발송해야 합니다.

### 2. 불안 요소를 제거한다.

다음으로 불안 요소를 제거해야 합니다. 유망 고객이 안고 있는 불안 요소는 무엇일까요? 어떤 상품이든지 가장 큰 불안 요소는 돈입니다. 돈을 준비할 수 있는지에 관한 불안부터 투자한 금액에 따르는 정당한 수익을 얻을 수 있는지가 가장 큰 불안 요소입니다.

돈에 관한 불안을 제거하려면 투자 효과를 설명하는 것이 중요합니다. 그 밖에도 당신의 상품을 구입하지 않을 경우, 얼마만큼의 비용이 발생하는지를 설명합니다. 여기서 말하는 비용이란 눈에 보이는 금액만을 말하는 것이 아닙니다.

당신의 상품이 없기 때문에 발생하는 쓸데없는 시간, 쓸데없는 불안, 쓸데없는 작업 등을 명확히 지시하도록 합시다. 다음으로 당신의 상품을 전혀 다른 것과 비교하는 것입니다.

일반적으로는 자신의 상품의 가격을 동일한 업계의 타사 라이벌 상품과 비교합니다. 만약 정말로 여러분의 상품이 더 저렴하고 가격으로 승부할 수 있다면 그 방법도 좋겠지만, 일반적으로 가격으로 승부하기는 어렵습니다.

그래서 라이벌 상품과 비교하는 것이 아니라 다른 것과 비교해서 가격의 타당성을 제시합니다. 예를 들면 당신이 창업 컨설팅 서비스를 제공하고 있다고 합시다. 가격은 월 150만 원입니다.

이 경우 다른 컨설팅 서비스와 비교하는 것이 아니라 풀타임 영업사원 한 명을 고용하는 경우와 비교하는 것입니다. 영업사원 한 명을 고용하려면 한 달에 150만 원으로는 부족할 것입니다. 최소한 2배 이상의 투자를 해야 할 것입니다. 매상을 올리고 싶다고 생각하는 사람이라면 영업사원을 새로 고용하는 것보다 당신에게 컨설팅을 부탁해 지금 있는 영업사원이 좀 더 활약하도록 하는 것이 좋다고 판단하게 될 것입니다. 스텝메일을 통해 독자의 신뢰를 얻고 불안 요소를 제거했다면 마지막으로 행동을 촉구하는 것입니다.

### 3. 행동을 촉진한다.

행동을 촉구하려면 독자가 무엇을 하기를 원하는지 명확하게 전달해야 합니다.

'영업 담당자에게 전화를 걸어오기를 바라는가?', '무료 샘플을 신청하기를 바라는가?', '바로 구매하기를 바라는가?' 이처럼 무엇을 원하는지 명확하게 전달하지 않으면 사람들은 보통 행동을 하지 않습니다.

마지막까지 애매하게 스텝메일을 끝내버리면 모든 노력이 헛될 것입니다. 무엇을 하기를 원하는지를 명확하게 전달합시다. 가능한 한 상품을 구입할 수 있는 기한이나 판매 개수에 제한이 있어야 합니다. 한정성·긴급성이 있어야 행동을 촉구하기 쉽습니다.

마지막은 스텝메일을 개선하는 것입니다. 처음 만든 스텝메일의 시나리오가 아주 훌륭한 기능을 보이는 일은 드뭅니다. 어느 정도의 등록자가 모이면 성과를 측정해서 필요하다면 개선해야 합니다.

체크 포인트는 다음과 같습니다.

### 첫 번째는 개봉률입니다.

메일 개봉률이 낮으면 아무리 시나리오가 좋아도 의미가 없습니다. 개봉률에 영향을 주는 것은 제목과 처음에 보내는 메일의 내용입니다. 제목을 보고 흥미가 생기지 않으면 당연히 메일을 열지 않을 것입니다.

HTML 메일로 스텝메일을 만든 경우 첫 번째, 두 번째, 세 번째 각각의 개봉률을 측정할 수 있습니다. 따라서 몇 통째 메일의 개봉률이 낮은지 바로 알 수 있으므로, 낮은 것부터 제목을 개선하도록 합시다.

또한, 전체적으로 개봉률이 낮을 경우 첫 번째 메일의 내용이 좋지 않을 수 있습니다. 대개의 경우 등록 직후에 보내는 첫 번째 메일은 대부분의 사람들이 읽습니다.

그 내용이 좋다면 다음 메일도 읽고, 나쁘면 바로 삭제하거나 두 번 다시 열어보지 않습니다. 따라서 개봉률이 낮은 경우에는 첫 번째 메일의 내용을 다시 한 번 분석해야 합니다.

### 두 번째는 클릭률입니다.

클릭률은 메일을 제대로 읽는지 아닌지, 흥미를 가지는 내용인지 아닌지를 판단할 수 있습니다. 클릭률도 낮은 경우에는 내용을 개선해야 합니다.

### 마지막은 성약률입니다.

성약률은 성약이 된 수를 스텝메일에 등록한 고객의 수로 나눔으로써 계산할 수 있습니다.

성약률은 독자를 어디에서 모았는지, 리스트의 질이나 개봉률, 클릭률을 종합적으로 평가하는 것입니다. 너무 낮은 경우에는, 애초에 개봉률이 낮아서 스텝메일을 독자가 읽지 않았을 가능성이나 메일의 내용이 안 좋아서 세일즈 페이지로 가는 링크가 클릭되고 있지 않을 가능성이 있습니다. 성약률을 개선하려면, 개봉률·클릭률을 조금씩 개선해나가야 합니다. 개선 작업은 하찮아 보이지만 매우 중요합니다. 소홀히 하지 않기 바랍니다. 성약률은 항상 체크하는 것이 중요합니다.

# MARKETING

# 스텝메일
# 1일, 2일, 3일 차 시나리오

스텝메일은 어떻게 쓰는가에 따라 매출이 달라질 수 있습니다. 독자 등록한 날로부터 상품을 소개하는 메일에 이르는 3회 차 시나리오의 전형을 소개합니다.

> Process

▶ 1일째 – 독자가 등록했을 때 보내는 자동 답장 메일

○○○님, 〈무료 리포트 / 오퍼 등〉을 신청해주셔서 감사합니다.

▶ 2일째 – 애프터 메일

○○○님, 신청하신 무료 리포트 제 2탄입니다.

▶ 3일째 - 상품을 소개하는 날 / 전력투구

○○○님, 신청하신 무료 리포트 마지막 호입니다.

## 1일째 - 독자가 등록했을 때 보내는 자동 답장 메일

[Point]

※ 먼저 메일 매거진 구독자가 날 좋아하게 만들고 신뢰하게 한다.

※ 기본적으로 구독을 강요하지 않으며 인사 정도만 하자.

※ 이번 오퍼의 내용이나 이 메일을 구독함으로써 어떤 이익을 얻을 수 있는지 설명한다.

※ 본문에 있는「●●●●의 7가지 비밀」은 자신이 다루는 주제에 맞게 「●●●●에 대한 7가지 잘못」 등으로 바꾸어 사용하면 된다.

※ 7가지 비밀의 두 번째까지 설명한 다음 세 번째부터는 다음에 보낼 메일에서 설명할 것임을 예고한다.

템플릿은 다음과 같습니다.

[메일 제목]
○○님, 안녕하세요. 비즈노 컨설팅 000입니다.
무료 리포트 제목을 신청해주셔서 감사합니다.

저는 자기소개 입니다.
이 무료 리포트 / 오퍼 등에서는 여러분이 ○○○하는 것을 목적으로 보내드리는 것입니다(제안하는 것입니다).

그럼 바로 아래 URL을 통해 선물을 받아가시기 바랍니다.
↓
http://aaaa.com/archive/..........
당신의 무료 리포트 / 오퍼를 다운로드할 수 있는 URL
이 리포트에서는 다양한 당신이 공유할 수 있는 이익이나 비밀까지 폭넓게 다루고 있습니다.
그럼 바로 시작하겠습니다.

[●●●●의 7가지 비밀]

비밀 1 – 비밀의 이름

「●●●●는 ○○○○라는 것」

그것은 매우 중요합니다! 아무리 설명을 잘해도 제대로 표현할 수 없을 정도입니다.

다음으로 두 번째 비밀을 말씀드리겠습니다.

비밀 2 – 비밀의 이름

「●●●●는 ○○○○라는 것」

당신의 링크

여기에 광고를 넣는다.

클릭해주세요 ⇒ 당신의 링크

이 2가지 비밀만 잘 활용해도 다른 경쟁자들보다 더 성공할 수 있을 것입니다. …잠깐만 더 기다리시기 바랍니다.

비밀은 이 2가지뿐만이 아닙니다! 이틀 후에 보내드릴 다음 메일에서 당신의 주제에 관한 특별 리포트 「두 번째」를 읽으실 수 있습니다. 내용은 다음과 같습니다.

비밀 3 – 비밀의 이름

여기에 이 비밀이 가져다 주는 이익을 설명한다.

비밀 4 – 비밀의 이름

여기에 이 비밀이 가져다 주는 이익을 설명한다.

또한 며칠 후에는 그다음 내용을 전해드릴 것입니다.

비밀 5 – 비밀의 이름

비밀 6 – 비밀의 이름

비밀 7 – 비밀의 이름

그럼 「2번째 메일」에서 다시 뵙기를 바랍니다!
당신의 이름

이 메일 매거진의 등록 해제는 언제든지 아래 URL에서 한 번의 클릭으로 해제할 수 있으므로 필요 없다고 판단되면 망설이지 마시고 등록을 취소하십시오.

【구독해지】⇒ DEL
해제는 신중하시기 바랍니다.
이후의 귀중한 정보를 받을 수 없습니다.

[발행처] 비즈노 컨설팅
[홈페이지 주소] http://www.bizknow.co.kr/
[연락처] 비즈노 컨설팅 사무국 02-2263-3018
Copyright(C) http://www.bizknow.co.kr. All right reserved

## 2일째 – 애프터 메일

[Point]

※ 1일째 메일을 보낸 다음 날 혹은 이틀 후에 보내는 내용.

템플릿은 다음과 같습니다.

[메일 제목]
○○님, 신청하신 무료 리포트 제2탄입니다.

[본문]
안녕하세요. ○○님
비즈노 컨설팅 OOO입니다.
지난번에 보내드린 메일에서 알려드린 비밀을 활용하는 방법에 대해 여러 가지로 생각해보셨나요?

그럼 이번에는 그다음 내용을 보내드립니다.

[●●●●에 대한 7가지 비밀 : 2]

비밀 3 – 비밀의 이름
「●●●●는 ○○○○라는 것」
이것만이 아닙니다. 비밀 4도 살펴보도록 합시다.

비밀 4 – 비밀의 이름
「●●●●는 ○○○○라는 것」

비밀 5 – 비밀의 이름
「●●●●는 ○○○○라는 것」
다음 회 예고 – 이틀 후에 보내드릴 메일에서 당신의 주제에 관한 특별 리포트 「세 번째」를 읽으실 수 있습니다(마지막 호입니다). 내용은 다음과 같습니다.

비밀 6 – 비밀의 이름
여기에 이 비밀이 가져다 주는 이익을 설명한다.

비밀 7 – 비밀의 이름
여기에 이 비밀이 가져다 주는 이익을 설명한다.

그럼 다음에 다시 뵙기를 바랍니다!
당신의 이름

．

이 메일 매거진의 등록 해제는 언제든지 아래 URL에서 한 번의 클

> 릭으로 해제할 수 있으므로 필요 없다고 판단되면 망설이지 마시고 등록을 취소하십시오.
>
> 【구독해지】⇒ DEL
> 해지는 신중하시기 바랍니다.
> 이후의 귀중한 정보를 받을 수 없습니다.
>
> [발행처] 비즈노 컨설팅
> [홈페이지 주소] http://www.bizknow.co.kr/
> [연락처] 비즈노 컨설팅 사무국 02-2263-3018
> Copyright(C) http://www.bizknow.co.kr. All right reserved

## 3일째 - 클로징 메일

### [Point]

※ 마지막으로 다음 메일 매거진에 대한 등록 안내를 한다.

템플릿은 다음과 같습니다.

[메일 제목]
○○님, 신청하신 무료 리포트 마지막 호입니다.

[본문]
안녕하세요. ○○님
비즈노 컨설팅 OOO입니다.
이 메일이 7가지 비밀의 마지막 장입니다(하지만 제가 보내드리는 메시지는 이것이 끝이 아닙니다. 자세한 내용은 메일 마지막 부분에서 설명해드리겠습니다).

그럼 마지막 장을 시작하겠습니다.

[●●●●에 대한 7가지 비밀]

비밀 6 – 비밀의 이름
「●●●●는 ○○○○라는 것」
하지만 비밀 6을 효과적으로 활용하려면, 마지막 비밀을 알아야 합니다.

비밀 7 - 비밀의 이름

「●●●●는 ○○○○라는 것」

여기에 광고를 넣는다

클릭해주세요 ⇒ 당신의 링크

이것으로 7가지 비밀이 모두 끝났습니다.

리포트 제목에 관한 정보를 모두 읽어보신 것입니다.

이러한 알려지지 않은 비밀을 알고 응용함으로써 여러분은 99%의 경쟁자들보다 한 발 앞서가게 될 것입니다.

여러분의 성공을 빕니다.

당신의 이름


PS. 여러분과 마찬가지로 이 리포트에 관심을 가지고 있는 분이 있다면, 그분에게 보내셔도 됩니다.


PPS. 당신의 업계에 관한 독창적인 최신 아이디어를 알고 싶으십니까?

만약 그렇다면 이 메일 매거진에 등록하시기 바랍니다.

↓

당신의 메일 매거진에 등록하기 위한 링크

이미 구독하고 계신 분들의 감상을 읽어보신다면 분명 하나도 놓치지 않고 정기 구독을 하시고 싶어질 것입니다.

메일 매거진 이름에 대한 추천 후기
추천인의 이름
추천인의 거주지

메일 매거진 이름에 대한 추천 후기
추천인의 이름
추천인의 거주지

아래의 주소로 지금 바로 ○○○○메일 매거진에 등록을 하실 수 있습니다.
그럼 다음에 다시 뵙기를 바랍니다!
당신의 이름


이 메일 매거진의 등록 해제는 언제든지 아래 URL에서 한 번의 클릭으로 해제할 수 있으므로 필요 없다고 판단되면 망설이지 마시고 등록을 취소하십시오.

【구독해지】⇒ DEL
해지는 신중하시기 바랍니다.
이후의 귀중한 정보를 받을 수 없습니다.

[발행처] 비즈노 컨설팅

[홈페이지 주소] http://www.bizknow.co.kr/

[연락처] 비즈노 컨설팅 사무국 02-2263-3018

Copyright(C) http://www.bizknow.co.kr. All right reserved

MARKETING

## 바보의 훈수
## #4

그러면 실제로 스텝메일을 사용하려면 어떻게 하면 될까요? 저는 (주)PR JAPAN으로부터 정식으로 독점 계약을 맺어 한국에 스텝메일 솔루션을 제공·교육하고 있습니다. 제가 도입한 일본의 스텝메일을 포함해 미국의 대표적인 스텝메일 솔루션 '메일침프' '겟리스판스'에 대해서도 간략하게 비교해보겠습니다.

### 스텝메일 (http://stepmail-kr.com)
일본 스텝메일과 제휴, 비즈노 컨설팅에서 유일하게 사용 권한을 가지고 있습니다. 장기간에 걸친 한글 번역, 네이버와 다음과 같은 국내 포털 사이트에서도 스팸 메일로 간주되지 않고 정상 발송, 랜딩페이지 템플릿, 메일 개봉률 확인, 그룹별 관리, 예약 발송 등의 기능이 제공됩니다. 한글 서비스와 교육, AS가 제공됩니다.

http://stepmail-kr.com/demo/ctrl.php

데모판에서는 이미 샘플 매거진이 준비되어 있으므로, 어떠한 기능이 있는지 바로 확인할 수 있습니다. 실제 화면과 같고, 메일 매거진, 스텝메일 작성을 체험해볼 수 있습니다(일부 기능은 제한되어 있습니다).

### 메일침프(MailChimp)

메일침프는 자동응답 이메일은 유료이지만, 무료로 2,000명까지 이메일을 관리할 수 있습니다. 메일침프의 뉴스레터 템플릿은 300개 정도, A/B 테스트 가능합니다. 구독자 리스트 업로드가 가능하기 때문에 기존의 고객 리스트가 있는 경우라면 편리합니다. 한글이 지원되지 않기 때문에 영어가 능숙하지 않은 분들에게는 다소 불편할 수 있습니다.

### 겟리스판스(GetResponse)

겟리스팟스는 한국어 서비스를 지원하고 있고, 250명 제한 한 달 무료 서비스를 제공합니다. 자동 응답 이메일 서비스도 한 달 동안 무료 사용 가능합니다. 뉴스레터 템플릿과 랜딩페이지 템플릿 500개 정도 지원되고 있고, 이메일 등록 시 옵트인 없이 구독자 리스트

업로드가 가능합니다.

    온라인 자동판매에서 스텝메일이 없으면 고객과의 커뮤니케이션을 수동으로 해야 하기 때문에 자동판매시스템이라고 말할 수 없겠죠. 더욱이 랜딩페이지에서 이메일을 남겨준 고객은 충성스러운 고객입니다. 고객의 이메일이 없어지는 일도 없을 것입니다. 부디 지금 바로 이 '스텝메일 마케팅'을 참고해 비즈니스의 현장에서 자동판매시스템을 실천해보시기 바랍니다.

# MARKETING

# PART 5

## 지속적인 성공을 위한 마인드 셋

**MARKETING**

# 지속적인 성공을 위한 마인드 셋

　마케팅 노하우나 스킬보다 중요한 부분은 마인드입니다. 마인드가 되어 있지 않으면 결과를 얻기 위해 무엇을 해야 하는지 명확하지 않기 때문에 행동이 명확하지 않을뿐더러, 지속하기 어렵습니다. 5장에서는 지속적인 성공을 위해 가장 기초가 되는 마인드 셋 부분을 구체적으로 다루겠습니다.

　똑같은 훌륭한 노하우를 배워도 잘되는 사람과 그렇지 않은 사람이 있습니다. 왜일까요? 무슨 차이일까요? 그것은 그 사람의 사고방식, 즉 마음가짐의 차이입니다

　마인드 셋에 관해서는 시중에 다양한 책도 나와 있고 훌륭한 교재도 많은데, 그중에 정말 중요한 내용만 골라 소개하는 것이니 이

장은 반복해서 읽어주시기 바랍니다.

5번 읽었을 때와 10번 읽었을 때 당신의 사고방식이 전혀 달라질 것이기 때문입니다. 가능하다면 매일 읽기를 권합니다. 볼 때마다 새롭게 보이는 부분이 있고, 관심 키워드가 달라질 것입니다.

저는 매일 아침 눈을 뜨자마자 가장 먼저 핸드폰을 열어보는데, 핸드폰에 써놓은 글들을 매일 아침 눈뜨면서 읽습니다. 잠들기 직전에도 침대에 누워 핸드폰이나 노트를 읽습니다. 아직 의식이 확실하게 깨어 있지 않은 상태, 즉 무의식과 의식의 중간 상태일 때 눈으로 보고 귀로 듣는 반복이 중요합니다. 이렇게 반복하다 보면 자연스럽게 잠재의식에 쌓입니다. 잠재의식에 쌓이면 매일 반복하지 않아도 매일 읽지 않아도 저절로 되기 때문입니다. 그만큼 반복이 정말 중요합니다. 마인드가 성장하면 여러분의 수입도 향상되어 있을 것입니다. 사귀는 사람이나 주변 사람도 달라질 것이므로 꼭 이 첫 번째 토대인 마인드를 확실히 배우시기 바랍니다.

5장을 읽을 때 주의할 점을 말씀드리겠습니다.

첫 번째, 나는 모르는 것이 많다는 것을 자각하는 것입니다. 내가 알고 있는 것은 작은 부분에 지나지 않는다는 것을 자각하는 일은 매우 중요합니다.

예를 들어, 한 초등학교가 있는데 그 학교에는 반이 하나밖에 없고 학생도 둘밖에 없습니다. 그런데 창문이 깨지는 사건이 일어났습니다. 그때 그 교실에 있었던 아이는 A군과 B군 뿐이었습니다.

A군은 대단히 성실한 아이입니다. B군은 머리도 염색한 불량해 보이는 아이입니다. 이 때 A군과 B군 중 누가 범인인지 물어보면 사람들은 '불량해 보이니까 B군이 했겠지'라는 직감이 작용하게 됩니다. 그러나 A군이 했을 가능성도 없는 것은 아닙니다.

이런 것들이 자신도 모르는 사이에 작용하기 때문에 자신의 판단이나, 직감만으로 알 수 없는 게 많습니다. "나는 모든 걸 알고 있다"고 생각하면 놓치고 지나가는 것이 꽤 있습니다.

예를 하나 더 들자면, 세미나에 참가해서 강의를 듣다가 "저건 나도 아는 이야기야!"라고 생각하는 순간 뇌는 정보를 차단하게 됩니다. 듣지 않게 되죠. 그런데 나중에 강의내용을 녹음해서 다시 들어보면 그때 미처 듣지 못했던 내용이 들립니다. 이미 잘 알고 있다 하더라도 실제로 해보지 않으면 알 수 없는 것들이 많이 있다는 것입니다. 아깝게 정보를 차단하지 말아야겠죠.

바다를 생각해보세요. 백사장에서 바다를 볼 때, 눈으로 볼 수 있는 바다는 정말 일부분에 지나지 않습니다. 바닷속에는 전혀 알 수 없는 생물이 살거나 수평선 너머에는 끝없이 바다가 펼쳐져 있습니다. 그 바다가 보이는 범위와 마찬가지로 자신이 모르는 것도 많이 있다는 것을 자각하고 읽으시기 바랍니다.

두 번째로, 나를 대입해 생각한다.

그냥 읽는 것이 아니라 구체적으로 당신이 어떤 행동을 할지에 대해 생각하면서 읽으시기 바랍니다. 그냥 생각 없이 읽는 것도 기억 속에 남기는 하겠지만, 가능하다면 구체적으로 어떤 작업을 할지 생각하면서 읽어주세요.

저는 책을 읽거나 강연을 들을 때 한 손에는 휴대전화기를 들고 듣습니다. 중요하다고 생각하는 내용은 그때그때 휴대전화기에 적습니다. 구체적인 행동까지 생각해서 적습니다. '나라면 어떻게 적용해볼 것인가?' 그렇게 나를 대입해 생각합니다. 노하우와 정보를 수집하는 것은 중요합니다. 인풋이 있어야 아웃풋이 있으니까요.

그러나 많은 정보를 배우는 것만으로는 단순한 수집가에 불과합니다. 결과를 만들어낼 수 없죠. 가령, 어떤 세미나 또는 사업설명회에 참가했는데 이 방법대로 하면 바로 월수입 1,000만 원을 벌 수 있다는 정보를 듣고 실제 월수입 1,000만 원 이상을 벌고 있는 사람들을 보면서, '우와 대단하다. 월수입 1,000만 원을 벌 수 있다면 나는 뭐든지 할 수 있어!'라는 생각에 가슴이 두근거리게 됩니다. 그 세미나가 끝나고 집에 가서 밥 먹고 샤워하고 잠들고 아침에 일어나면 어제의 동기부여가 식어버리지 않습니까?

저도 그런 경험을 여러 번 했었고, 그런 사람들도 많이 보았습니다. 가슴이 두근거리고 의욕이 넘치는 이유는 1,000만 원을 벌 수 있다는 결과에만 초점을 두었기 때문이죠.

실제로 월수입 1,000만 원을 벌기 위해 해야 할 일들을 하지 않으면서 기대만 한다고 월수입이 달성되는 것은 아닐 것입니다. 그러므로 나를 대입해서, 생각하는 것은 정말 중요합니다.

마지막으로, 반드시 행동한다.

성공하기 위한 노하우나 방법을 알고 있는데 실천하지 않고 있다면 그것은 모르는 것과 같습니다. '알고 있다'와 '실천하고 있다'는 전혀 다른 이야기입니다.

나를 대입해서 구체적으로 해야 할 일들을 생각했다면, 하나라도 좋으니 행동하세요. 블로그에 글을 올리는 것도 좋고, 메일 매거진을 쓰는 것도 좋고, 다른 사람에게 전달하거나, 가족, 친구, 연인, 부인, 남편에게 말할 수 있다면 꼭 전달해보시기 바랍니다. 아웃풋이 없으면 인풋의 의미가 없습니다. 기억을 입체화하는 것입니다. 귀로 듣고 누군가에게 말을 할 때는 입으로 말합니다

메일 매거진이나 블로그에 글을 쓸 때는 손으로 씁니다. 중요한 내용을 메모해두면 나중에 그것을 눈으로 읽을 수 있습니다. 이렇게 듣고, 말하고, 쓰고, 읽는 4가지 각도에서 기억을 정착시킬 수 있습니다. 기억을 입체화하는 것이죠.

다시 한 번 정리하겠습니다.

첫 번째, '나는 모르는 것이 많다는 것을 자각한다'

두 번째 '나를 대입해서 생각한다', '구체적인 작업 내용을 확실히 생각하면서 읽는다'

세 번째 '반드시 행동한다', '기억을 입체화한다'는 것이었습니다

이 3가지를 염두에 두고 읽어주시기 바랍니다.

# MARKETING

## 생각의 법칙

지속적인 성공을 위한 마인드 셋, 첫 번째 생각의 법칙입니다.

사고방식에도 법칙이 있습니다. 생각이 현실이 된다는 이야기를 들어본 적 있으신가요? 생각이 현실이 된다는 것은 진실입니다. 과학적으로도 증명되었는데, 반대로, 자신이 생각하지 않은 결과는 절대로 일어나지 않습니다.

예를 들어 축구선수가 되려는 생각을 전혀 하지 않은 사람이 갑자기 축구선수가 될 수는 없겠죠. 한 달에 100만 원을 벌고 싶다고 생각하는 사람은 한 달에 1,000만 원을 벌기 어렵습니다. 한 달에 100만 원이라는 생각이 한 달에 100만 원 정도의 행동만 하게 만드니까요. 한 달에 1,000만 원을 벌자고 생각하는 사람은 한 달에

1,000만 원을 버는 행동을 하니까 그렇게 되기 쉽습니다.

'생각이 현실이 된다' 당신이 지금 생각하는 것이 현실이 되는 것입니다. 그러면, 꿈을 크게 가지는 게 더 좋겠죠!

한 달에 100만 원보다 1,000만 원을 벌면 더 좋겠죠? 각자 목표가 있기 때문에 금액의 많고 적음이 옳고 그름은 아니지만 크게 생각해서 많이 버는 쪽을 생각하는 게 더 현실로 만들기 쉽습니다.

사람의 뇌는 정말 신기하게도 부정적인 것도, 긍정적인 것도 현실로 만들어버립니다. 그래서 마인드가 정말 중요합니다. 뇌는 부정적인 것과 긍정적인 것을 구분할 수 없다고 합니다.

부정적인 생각을 하면 그것을 현실로 만들고 긍정적인 생각을 하면 그것을 현실로 만듭니다. 그래서 '생각의 법칙'에서는, 긍정적인 생각을 하는 마인드가 중요합니다.

그럼 '구체적으로 어떻게 행동하면 좋은가?'에 대해 말씀드리겠습니다. 구체적으로는, 갑자기 순식간에 긍정적인 것을 생각하게 되기는 힘듭니다. 훈련을 통해 습관으로 만드는 것이 중요합니다. 그런데 훈련의 차원에서 강제적으로 긍정적인 것만 말하도록 만드는 방법이 있습니다.

그 방법은 2가지입니다.

첫 번째는 말을 바꾸는 것입니다. 당신의 입에서 나오는 말, 마음에서 생각하는 말을 강제적으로 바꾸는 겁니다. 구체적으로 어떻게 할까요?

'고마워'라는 말과 '감사합니다'라는 말을 많이 쓰도록 하세요. 당신이 지하철을 타려 한다고 해봅시다. 지하철을 탈 때는 단 5분만 늦어도 못 타게 됩니다. 그럴 때 '뭐야, 오늘은 재수가 없어'라고 생각하시나요? '그 신호등만 잘 건넜으면 바로 탈 수 있었을 텐데'라고 생각하시죠?

그런데 그때, 일부러 '고마워'라는 말을 사용해봅니다. "지하철을 놓쳐서 고마워", 좀 위화감이 생기죠? 왜 고맙다고 하는지 모르겠죠? 속으로는 고맙다고 생각하지 않아도 고맙다고 말하면 머릿속에서 고마운 이유를 찾기 시작합니다. '왜 고맙다고 말했을까?' 하고 말이죠.

그러면 왜 고맙다고 한 것일까를 생각하다가, 다음 지하철이 올 때까지 15분이 남았으니, 그 사이에 책을 읽을 수도 있거나 정보를 수집하거나, 잠시 휴식할 수 있는 시간이 생겼다거나 하는 식으로, 나에게 긍정적인 방향으로 해석할 수 있을 것입니다.

어떤 일이든 좋은 것, 나쁜 것은 없습니다. 일어나버린 일에 좋거나 나쁜 것은 없습니다. 좋다고 생각하거나, 나쁘다고 생각하는 것은 당신이 그렇게 정하는 것입니다.

지하철을 놓쳤을 때도 여유로운 시간이 생긴 것에 감사할 수 있죠. 물론 지각해서 문제가 될 수는 있지만, 여러분의 인생이 최악의 사태에 빠진다거나 목숨이 위험한 일은 아니잖아요? 실수나 후회할 일이 생기기는 해도 '그것이 다 인생이지'라고 생각하는 거예요. 공감해주실지 모르겠네요.

지금 이 말을 받아들이기 힘든 분도 계실 거예요. 저도 처음 이 말을 들었을 때 머리로는 이해가 가지만 가슴으로는 이해가 안 갔거든요. 하지만 몇 번 더 생각해서 '마녀가 말했던 게 이런 거였구나' 하고 공감해주신다면 기쁘겠습니다.

지금 이해가 가신다면, 훌륭합니다! 지금 당장 받아들여 보시기를 바라지만, 만약 잘 모르겠다면 가까운 시일 내에 공감할 수 있을 수도 있으니 꼭 실천해보세요. 지금 살아 있는 것에 감사한다거나, "고마워"라는 말도 자주 사용해보시기 바랍니다.

또 한 가지, 말을 바꾸는 방법은 비즈니스를 할 때 매우 중요합니다. 인간은 자연스럽게 잘될 수 없는 이유를 찾는 동물이라 생각합니다. 편한 방법을 찾으려고 하는 존재입니다. 성공한 사람들은 강한 의지를 가지고 행동한다고 생각하시는 분도 계실 텐데요, 물론 그런 분도 있지만, 그렇지 않습니다. 그저 사고방식을 조금 바꾸는 것뿐입니다.

잘될 수 없는 이유를 찾는다는 것은, 예를 들면 "오늘부터 매일 하루도 빠지지 말고 블로그에 1,000자 이상의 글을 쓰세요!"라고 한다면, 일단 할 수 없는 이유부터 늘어놓습니다.

'블로그 테마도 모르고, 글도 잘 못 쓰는데…', '글로 사람을 감동시켜본 적도 없는데…', '하지만, 하지만…' 하면서 못 하는 이유를 생각하게 됩니다. 이렇게 할 수 없는 이유를 찾는 것보다는 "그렇다면 어떻게 해볼까?"라는 말을 사용해보세요.

블로그를 한 달 동안 매일 쓰라고 했을 때 '하지만…'이라는 생각이 드는 순간에 "그렇다면 어떻게 할까?" 하고 먼저 말해봅니다. 자연스럽게 '그렇다면 어떻게 할까'를 생각하게 되고, '그럼 일단 서점에서 관련된 책을 한 권 사서 테마를 찾아볼까?', '실제로 블로그 쓰는 사람들은 어떤 장르를 다루고 있을까?', '인기 많은 블로그의 테마는 뭐지?', '파워블로거로 불리거나 감동을 주는 사람은 어떻게 글을 쓰는 걸까?'. '그 사람의 문장을 따라서 직접 써볼까?' 등등 다양한 방법이 나올 것입니다.

한 달 동안 블로그를 써 보라는 숙제를 받았을 때 못하는 이유를 찾는 게 아니라 '그렇다면 어떻게 할까?' 하고 꼭 생각해보세요. 실제로 비즈니스 현장에서 잘하는 사람이 있으니까 답을 찾을 수 있어요. 반드시 찾을 수 있습니다.

두 번째는 정말로 아주 크게 변하는 방법인데요. '사람과 만난다' 그리고 '책과 만난다'입니다. 즉, 외부적 요소입니다.

큰 변화는 혼자 집에서 지내면서 잠만 자는데 갑자기 생기는 경우는 없습니다. 강한 동기부여가 생길 때는 누군가를 만나거나 자신보다 어린 사람이 정말 열심히 일하고 있는 걸 보면서 '나도 질 수 없지'라는 생각이 들 거라 생각하는데요. 그럴 때, 격렬하게 동기가 생기고 내면이 변할 것입니다. 그러므로 외부적인 요소를 계속 받아들이는 것이 중요합니다.

의식적으로 오늘은 의욕이 없고 밖에 나가고 싶지 않더라도 일단 밖에 나가면 달라집니다. 다른 사람과의 만남에서 대화에서 변하게 됩니다.

'의욕을 가져보자, 의욕을 가져보자'라고 생각만 해서는 의욕이 생기지 않습니다. 내부에서 바꾸고자 해도 바꾸기 어렵기 때문에 외부의 자극을 받아들여야 합니다.

물론 스스로 의욕이 생기는 사람도 있겠지만, 대부분은 그렇지 않을 것입니다. 제 경험을 비추어보면 말이죠. 그러므로 자신의 의욕 여부와 상관없이 그냥 행동하는 것입니다. 작업을 시작해야 합니다. '오늘은 의욕이 없어서 블로그를 쓰고 싶지 않아!'라고 생각하더라도 일단은 블로그를 쓰기 시작해보세요. 하고 싶지 않다면 다른 곳에서 블로그를 쓰거나 산책을 해보거나, 누군가를 만나거나, 좋아하는 책을 읽어보거나 의식적으로 외부의 자극을 받아들여 보는 것입니다.

그러면 자신의 내면이 극적으로 변하게 됩니다. 꿈이나 목표를 정한 순간은 아마도 누군가를 만났거나 훌륭한 책을 읽어 아주 멋진 정보를 알게 되었을 때라고 생각합니다. 그 사람을 만나서 의사의 꿈을 가지게 되었다거나 그 선생님을 만나고 의사를 존경하게 되었다거나 고등학교 시절 선생님이 자신의 멘토로서 인생을 크게 변화시켜주었기 때문에 '나도 그 선생님처럼 다른 사람을 변화시킬 수 있는 다른 사람에게 도움을 줄 수 있는 교사가 되자'거나 외부적인 요소로 인해 자신의 내면이 변하게 됩니다.

　가능하다면, 의욕이 넘치고 동기가 확실한 사람과 항상 만나고, 같은 공기를 마시고, 그 사람의 음성을 듣고, 동영상을 보고 글을 읽으면 점점 더 그러한 것들에 물들게 됩니다.

　이점을 꼭! 의식하시기 바랍니다.

MARKETING

바보의 훈수
#5

사고방식을 긍정적으로 바꾸라는 말을 들으면 바로 할 수는 없지만 지금 바로 말을 바꾸는 것은 할 수 있으시죠? "고마워"라고 지금 말하는 것은 바로 할 수 있습니다. 그러니까 그것이 습관이 될 때까지 하시기 바랍니다. 양치질하는 정도로 습관으로 삼으시기 바랍니다.

양치질은 누가 시키지 않아도 하죠? 오히려 밥 먹고 양치질을 하지 않으면 찜찜하잖아요? 그와 비슷한 정도로, 그렇게 될 때까지 우선은 강제적이라도 좋으니 '고마워'라는 말을 꼭 사용해보세요. 그렇게 하면, '생각의 법칙'이 100% 긍정적으로 작용할 것이고 현실에서 좋은 일만 생기게 됩니다.

마음을 바꿈으로써 결국엔 인생이 바뀐다는 것입니다. 이 '마음'이라는 것은 여러분의 '사고방식' 아닐까요? 여러분이 사용하는 단어나 여러분의 마인드가 전부입니다.

말을 바꾸는 것, 사람과 책과 만나는 것, 다양한 자극을 받는 것! 긍정적인 자극을 받는 것! 꼭 지금 말씀드린 내용을 염두에 두시기 바랍니다.

# MARKETING

## 파동의 법칙

　자연스럽게 같은 파동을 가진 사람이 모이게 되어 있고, 당신이 생각하는 것이 상대에게 전달된다는 것이 파동의 법칙입니다.
　지금 당신의 친구나, 함께 있으면 편하다고 생각하는 사람들은 파동이 같을 것입니다. 같은 파동을 갖고 있어서 편하다고 느끼는 것입니다. 유유상종이라는 거죠.
　지금보다 더 위로 올라가고 싶거나 더욱더 높은 수준으로 올라가고 싶다고 생각하신다면, 지금의 환경에서 벗어나 다른 파동을 가진 사람들의 환경으로 가야 합니다. 높은 수준을 가진 사람들의 장소로 찾아가야 합니다. 수준 높은 사람들의 말을 듣거나 생각을 들으면 한 단계 위의 좋은 파동을 받을 수 있습니다.

좋고 나쁨을 말하는 게 아니고 지금보다 더 성장하기 위해 그렇다는 것이니 오해는 하지 않으시길 바랍니다. 가령 당신의 연봉이 1억 원이라고 해봅시다. 그런데 연봉 3억 원인 사람과 대화하면 말하는 내용이 다릅니다. 연봉이 10억 원인 사람과 대화하면 또 다릅니다.

연봉이 100억 원인 사람과 대화하면 역시 다릅니다. 거북함을 느낄 수 있습니다. 파동이 맞지 않는 것입니다. 연봉이 1억 원인 사람과 연봉이 100억 원인 사람은 같은 흐름을 갖지 않은 거죠. 파동이 다르면 거북한 느낌이 들 수 있는데, 성장하기 위해서는 일부러 거북한 장소로 발을 들이는 것이 필요합니다.

우리 몸에서 행운을 부르는 부위가 어디라고 생각하십니까? 눈? 코? 얼굴? 그것은 엄지발가락이라고 합니다. 사람이 움직일 때 엄지발가락이 먼저 그 방향으로 향하게 되죠. 행운을 얻으려면 행운을 얻을 수 있는 장소에 있어야 하지 않겠어요. 당신의 엄지발가락은 지금 어디를 향하고 있습니까?

강연회에 참가하거나 직접 만날 기회가 있다면 그런 곳에 참석해서 일부러 나보다 한 단계 위의 세계를 체험해야 합니다. 그 사람들과 교류함으로써 그들의 파동을 얻을 수 있습니다. 처음에는 거북하겠지만 계속 참가하다 보면 거북한 마음이 사라지고 어느새 편안해질 거예요. 그러면 좋은 결과를 얻을 수 있고 사고방식도 변하게 됩니다.

저도 체험한 것이라서 정말 잘 아는데요, 다양한 사람과 만나면서 사고방식이 점점 변하게 됩니다. 처음엔 정말로 거북합니다. '오는 게 아니었어', '이 사람이랑 대화하면 긴장돼', '멘탈이 붕괴될 것 같아'라고 생각할 수 있지만, 그것이 중요합니다.

억지로 수준 높은 사람과 만나는 겁니다. 그러면 저절로 자신의 수준이 올라갑니다. 그리고 상대방의 파동을 자신에게 전할 수 있습니다. 책을 읽는 것도 좋겠지만, 사람이 더 좋습니다. 사람을 만나는 게 가장 좋은 파동을 느낄 수 있으니까요.

SNS를 활용하면 자신과 다른 세계에 있는 사람과 만날 수 있습니다. SNS, 페이스북을 통해 직접 연락해서 상대방에게 이익이 되는 이야기를 하면 직접 일대일로 만날 수도 있습니다. '당신의 블로그를 보고 정말 감동했습니다', '식사를 대접하고 싶은데 시간을 내어 주실 수 있나요?' 그런 말을 들으면 마음이 움직일 수도 있잖아요?

물론 연봉이 전부는 아닙니다. 이해를 돕기 위해 연봉을 예로 든 것입니다. 저의 멘토이신 '마크 무네요시'라는 분은 하와이에 살고 있으면서 한 달에 한 번씩 일본과 한국을 오가며 컨설턴트로 활동하고 있습니다. 마크 무네요시 선생님이 어느 날 유튜브에서 가수 김수희 씨의 〈남행열차〉라는 노래를 듣게 되었는데, 그 노래 가사가 자신의 젊은 시절과 일치해서 가슴에 너무너무 와 닿았다는 것이에요. 기회가 된다면 반드시 김수희 씨와 만나서 친구가 되고 싶다고 생각했습니다.

마크 무네요시 선생님은 가수 김수희 씨에게 편지를 보냈습니다. "유튜브에서 보았습니다. 당신의 노래는 나의 마음을 편안하게 합니다. 젊은 시절의 나로 돌아가게 합니다. 직접 만나보고 싶습니다."

편지를 받은 김수희 씨는 마크 무네요시 선생님을 자신의 연말 콘서트에 초대했고, 그것이 인연이 되어 TV에 함께 출연까지 하게 되었습니다.

결국, 사람은 사귐을 소중히 하는 곳으로 향하게 됩니다. 돈이 아무리 많아도 주변에 동료가 없다면 즐겁지 않잖아요? 다양한 파동, 자신에게 맞는 파동의 수준을 높여봅시다.

한 가지 주의할 점이 있습니다. 수준이 높은 사람과 만나고, 다른 업종의 사람과 만나면서 파동을 높이는 것은 중요하지만, 생각의 법칙과 마찬가지로 사람은 좋은 것이든 나쁜 것이든 받아들이게 되고, 좋은 정보든 나쁜 정보든 반드시 자신의 내면에 흡수하게 됩니다.

미러 뉴런이라는 말 들어보셨나요? 미러 뉴런은 뇌 속에서 자신이 어떤 행동을 하려고 할 때 다른 사람이 행동하는 것을 보고 따라 하려고 생각합니다. 미러 뉴런은 눈앞에 있는 사람의 말을 자신의 머릿속에서 생각하는 세포입니다. 상대방이 생각하는 것을 알게 되거나 상대방과 같은 기분이 되는 뇌 세포를 말하는 것입니다.

간단한 예를 들자면, 친구가 하품하는 걸 보면 나도 하품을 하게 되죠? 하품이 옮죠? 그리고 친구가 웃으면 나도 웃게 된다거나 친구가 울면 나도 슬퍼진다거나 호러 영화를 보면 별의별 게 다 무서워지기도 하고 요리 방송을 보면 갑자기 배가 고파진다거나 누가 화장실에 가면 화장실에 가고 싶어지기도 하죠. 미러 뉴런은 상대방의 파동을 따라 합니다. 상대방이 생각하는 것이 좋은 것이든 나쁜 것이든 받아들입니다.

　예를 들어, 절대로 그렇게 되고 싶지 않은 사람이 있다고 해봅시다. 절대 그렇게 되고 싶지 않다고 생각하는데도 그 사람과 같이 있으면 그 사람과 닮게 됩니다. 정말 싫다고 생각하더라도 미러 뉴런이라는 뇌세포가 따라 합니다. 당신의 생각과는 별개입니다. 말투나 행동이 비슷해집니다. 과학적으로도 증명된 이야기이니 누구와 사귈 것인지를 주의해야 하는 근거가 되겠지요.

　한 단계 올라가고 싶다면, 연봉을 증가시키고 싶다면, 돈을 많이 버는 사람에게 다가가야 합니다. 그러면 자연스럽게 따라 하게 됩니다. 이때 그 사람의 음성을 듣는 것은 꽤 도움이 됩니다. 음성을 몇 번이고 반복해서 들으면 그 사람의 마인드를 받아들이게 됩니다. 영상이나 글도 좋습니다. 반복해서 듣다 보면 미러 뉴런이 따라 합니다.

　너무 정론을 펼친다고 생각하실 수도 있지만, '마녀가 자신의 경험을 포함해서 이런 말도 했었지' 하고, 머릿속 한 켠에 생각해두시면 좋겠습니다.

# MARKETING

## 바보의 훈수
## #6

파동의 법칙을 잘 활용하려면, 일단 여러분 자신의 파동의 수준을 올려야 합니다. 파동의 수준이 오르면 다른 사람들이 보기에 '저 사람은 뭔가 다르다', '저 사람 가까이에 있으면 힘이 나', '기분이 좋아져'라고 생각하게 됩니다.

즉, 매력적이 된다는 거죠. 다른 사람들이 볼 때 '저 사람 정말 멋있다'라고 생각하게 되는 겁니다.

'좋은 자극을 받고 싶다!'

'좀 더 매력적이 되고 싶다!'

'훌륭한 인격을 갖추고 싶다!'

그렇다면 진짜배기와 만나는 것이 정말 중요합니다. 왠지 함께 있으면 동기가 생기고 의욕이 생긴다고 느끼는 사람이 있지 않나요?

바보도 그런 사람이 있는데요, 그런 사람과 만나는 것이 정말 중요합니다.

상대방의 좋은 점, 좋은 결과를 낸 사람들은 동기도 훌륭하고 사고방식도 뛰어납니다. 한 단계 위에 있는 사람과 만나면 여러분의 파동도 강해집니다. 그리고 항상 그 사람과 함께 있으면 더욱더 수준이 높아질 것입니다.

만약 만날 수 없는 상황이라면 여러 번 반복해서 책을 읽거나 영상을 보세요. 가능하다면 제자로 들어가는 것도 좋습니다.

"꼭 선생님 밑에서 무상으로 일하게 해주세요"라고 부탁해서 제자로 들어가는 것도 좋을 것입니다.

미러 뉴런이 있기 때문에 그 사람과 같은 공기를 마시는 것만으로도 여러분의 사고방식이나 마인드도 점점 성장해나갈 것입니다.

물론 여러분의 수입도 증가될 것입니다. 반드시 증가될 것입니다. 꼭 이 파동의 법칙을 의식하시기 바랍니다.

# MARKETING

## 이면성의 법칙

어떤 사물이나 특징, 일에는 반드시 좋은 면과 안 좋은 면이 있고, 장점과 단점이 동시에 존재한다는 것이 이면성의 법칙입니다. 예를 들어 사람의 특징도 좋은 부분도 있고 안 좋은 부분도 있기 마련인데, 생각에 따라 전혀 달라지죠.

예를 들어 새로운 아이디어로 비즈니스를 하기로 했다고 해봅시다. 그러면 50%의 사람들은 "좋아, 해봐"라고 합니다. 하지만 나머지 50%는 "뭐? 그게 잘 될까?"라고 합니다.

찬성하는 사람, 반대하는 사람이 정확히 반은 아니더라도 두 부류로 나뉘게 됩니다. 된다는 사람과 안 된다는 사람, 응원해주는 사람과 안 해주는 사람. 그런 일이 발생하죠.

이것이 이면성의 법칙입니다.

아무리 좋은 거라도 반대 의견을 가진 사람이 분명 있을 것입니다. 예를 들어 저는 아이폰은 정말 훌륭한 스마트폰이라 생각하지만, 아이폰을 안 좋아하는 사람도 많습니다. 아이폰보다 삼성이 더 좋다는 사람들도 많죠. 삼성 스마트폰이 더 사용하기 편하다거나, 아이폰의 기능은 굉장히 좋지만, 기능이 너무 많아서 안 좋다는 사람도 있습니다. 물론 열광적인 팬이 더 많을 거예요.

반드시 어떤 것이든 어떤 일류 제품에도 찬, 반이 존재하는 것입니다. 이면성이 존재한다는 사실을 알면 비판에 대해서 당연하다고 이해할 수 있습니다. 어떤 것이든 비판은 있게 마련이니 어쩔 수 없다는 식으로 사고방식이 바뀌게 되죠. 그런 일로 기죽지 않는 것입니다.

자신을 고치고 성장하는 기회로 비판을 받는 것이 더 좋은데요. 다만 그것 때문에 기가 죽거나 의욕이 상실되어서는 안 되겠죠. 바라보는 관점에 따라 완전히 달라집니다.

비판을 받으면 사람은 충격을 받습니다. 마음에 상처를 입죠. 저도 상처를 받지만, 바로 생각을 바꾸려고 하고 있어요. '이 비판으로 나의 고칠 점을 알게 되었다', '내 서비스의 질을 향상시킬 수 있다'고 긍정적으로 생각하는 것입니다.

한 가지 일에도 부정적이거나 긍정적인 면이 반드시 있기 마련이라서 긍정적. 부정적인 2가지 면이 있음을 이해하고 긍정적인 면에 초점을 맞추는 것이 중요합니다.

똑같은 시간을 보낸다면 긍정적인 부분을 생각하는 것이 더 즐겁겠죠. 파동도 좋아집니다. 부정적인 마음보다 긍정적인 마음이 더 강한 힘을 갖고 있습니다.

아무리 충격적인 일이라도 시간이 지났는데 계속 부정적인 생각에 사로잡혀 있기는 좀처럼 어렵습니다. 긍정적인 마음이 더 강하기 때문이죠.

비즈니스에서도 전략적인 사고가 뛰어난 사람, 반대로 전략은 잘 못 하지만 행동 능력이 뛰어난 사람, 사람들 앞에서 이야기를 잘 하는 사람, 혹은 사람들 앞에서 이야기는 잘 못 하지만 혼자 방에서 컴퓨터를 잘 다루는 사람 등 다양한 사람이 존재합니다.

인터넷 디자인, 홈페이지를 잘 만드는 사람이나 동영상 편집을 잘하는 사람 등이 있어서 회사가 성립되는 것입니다. 혼자서 전부 하려고 하면 할 수 없습니다.

한 사람의 힘은 약하기 때문에 다양한 사람들이 협력해서 회사가 성립되는 것이고, 파트너가 필요한 것입니다. 서로가 협력하는 관계, 신뢰 관계가 가장 즐겁고 행복할 수 있기에 세상이 그런 식으로 만들어졌다고 생각합니다.

항상 불평만 하는 사람과 어떤 일이 있어도 웃으며 최선을 다하는 사람 중, 누구와 함께 일하고 싶으신가요? 누구와 함께 놀고 싶나요? 항상 웃으며 긍정적인 사람일 것입니다.

이러한 연구 결과도 있습니다.

예를 들어, A씨는 항상 불평을 늘어놓고 B씨는 항상 긍정적입니다. 당연히 긍정적인 사람에게 더 호감이 가겠죠. 연구 결과에 의하면 사람은 좋아하는 사람과 일하고 싶어 한다고 합니다.

A씨와 B씨가 완전히 똑같은 능력을 갖고 있는데, A씨는 불평이 많고 B씨는 긍정적으로 생각합니다. 그런 경우에는 대부분의 사람들이 B를 선택할 것입니다. 능력이 같다면 말이죠.

하지만 더 중요한 것은, 가령 B씨의 능력이 조금 못 미친다 해도 B씨를 선택하는 사람이 더 많다는 데이터가 있습니다. A씨는 능력이나 기술이 훨씬 높고 다양한 일을 할 수 있어도 항상 불평하고 부정적으로 생각하고, B씨는 조금은 부족하지만 항상 긍정적이고, 굉장히 활기차게 일을 하는 사람입니다. 그러면 B씨를 선택하는 사람이 훨씬 더 많습니다.

제가 최근에 더욱 절실히 느끼는 것 중에 해외에 나가 보면 '어디를 가는가'보다 '함께 가는 사람이 누구인가?'가 더 중요하다는 것입니다. 예를 들어 미국의 라스베이거스나 뉴욕 같은 화려한 곳에 가면 매우 즐겁겠지만 혼자 가거나 별로 좋아하지 않는 사람과 가면, 아마 그 여행은 재미없을 거예요.

더 멋진 곳에 가도 그렇죠. 예쁜 곳에 가도, 풍부한 자연 속에 가도, 함께 가는 사람이 나랑 안 맞는다면 즐거움이 반감되거나 전혀 즐겁지 않을 수 있어요. 저는 그렇습니다. 반대로 장소가 어디든, 함께 가는 사람이 좋으면 어디를 가도 즐거울 거라 생각합니다.

집 앞 공원을 가도 즐거울 것이고, 가까운 곳 어디라도 자신이 좋아하는 사람과 함께라면 즐거울 것입니다.

'어디를 가는가보다는 누구와 함께 가는가!', '어떤 일을 하는가보다는 누구와 함께하는가!'가 중요합니다. 최근에 더욱 그런 생각을 하게 됩니다.

온종일 스티커를 붙이는 단순 작업이라도 — 그것이 나쁘다는 말은 아닙니다 — 함께 일하는 사람이 좋으면, 그 작업도 즐거워질 것입니다. '좋아, 오늘도 힘내자'라고 생각할 것입니다.

하지만 아무리 즐겁고 생산적인 일을 한다고 해도 주변에서 함께 일하는 사람과 잘 맞지 않는다면 그 일은 재미없을 것입니다.

다음은, 받아들이는 방법에 따라 당신의 행동이 바뀐다는 것에 대해 말씀드리겠습니다. 사람은 비교하는 것으로 가치를 느끼게 됩니다. 비교해야만 그것이 좋은 것이라는 것을 알게 되는데 예를 들어 갑자기 감기에 걸렸다고 해봅시다. 그러면 건강했을 때가 더 좋았다고 생각하겠죠.

꼼짝없이 누워서 기침하고 열이 나고 숨을 쉬기 힘들 때 '정말 건강한 게 최고야'라고 실감하게 되지 않나요? 병에 걸린 자신과 건강한 자신을 비교했기 때문입니다. 비교했기 때문에 건강함의 가치를 느끼는 거죠.

여기서 잠깐, 질문을 드려보겠습니다. 어디까지나 예입니다.

지금 당신의 장례식이 열리고 있다고 해봅시다. 그리고 당신의 장례식에는 친구들이 많이 와 있습니다. 중학교 친구들, 고등학교 때 함께 놀던 친구들, 대학 동아리에서 클럽활동을 함께했던 친구, 회사 동료, 이전 직장에서 함께 일하던 동료나 연인, 가족, 친척이 많이 와 있습니다.

이때 당신은 어떤 말을 듣고 싶으세요? 당신의 장례식에서 친구에게 가족에게 어떤 말을 듣기를 바라시나요?

'함께할 수 있어서 즐거웠어'라거나 '너랑 만나게 돼서 고마워'라거나 혹은 '아직 더 너와 함께 일하고 싶었어'라거나 '너와 더 많이 놀고 싶었어', '전하고 싶은 말이 많이 있었는데' 등 어떤 말을 듣고 싶은지 명확히 하면 할수록 그 답이 여러분의 목표를 뚜렷하게 만들 것입니다. 즉, 어떤 인생을 보내고 싶은지 알게 됩니다.

좋은 의미로 내일이 오지 않을 수도 있어요. 사람은 그걸 알 수 없죠. 다만, 좋은 의미로 내일을 맞이하지 못할 수도 있다는 것을 의식한다면 지금 이 순간을 더욱 좋은 것으로 만들자고 생각할 것입니다.

'내일이 오지 않을 수도 있어…!' 실제로 극심한 빈곤에 시달리는 가난한 나라에서는 먹을 게 없어서 내일이 오지 않을 수도 있다는 공포와 싸우고 있습니다. 우리나라에서 그런 일은 없겠지만, 세계적으로는 내일이 오지 않을 수도 있다는 공포와 싸우는 나라도 많습니다.

그런 나라에 사는 사람들을 생각해보면 '지금을 더욱 감사하며 충실하게 보내자!', '내가 하고 싶은 걸 하자'라고 생각하게 됩니다. 시야가 넓어집니다.

그리고 후회하지 않고 살아가려고 행동하게 됩니다. 인간은 한 일이나 실패한 일보다 하지 못한 일을 더 후회한다고 합니다.

미국의 연구 결과에 사람이 죽기 전에 하는 말이, "더 많이 도전할 걸 그랬어" 혹은 "그걸 할 걸 그랬어"라고 합니다. 즉, 자신이 행동하지 않은 것을 후회한다는 것입니다.

저는 고등학교 때 스튜어디스가 되고 싶었습니다. 그래서 인하대학교 항공운항과에 지원을 했는데, 그때는 스튜어디스가 지금의 아나운서만큼 인기 있는 선망의 직업이었기에 경쟁률이 사상 최고라는 뉴스가 나왔습니다. 어린 마음에 경쟁자들은 나보다 더 예쁘고 영어도 잘하는 것 같아 솔직히 자신이 없었습니다. 마침 항공운항과 면접을 보는 날과 고등학교 졸업식이 겹치는 바람에 그 핑계로 면접에 가지 않았습니다. 함께 지원했던 친구는 합격했죠. 얼마나 후회했는지 모릅니다.

제 인생에서 그렇게 후회한 적은 없었던 것 같아요. 차라리 도전해보고 떨어졌다면 그렇게 후회하지는 않았을 텐데 말이죠. 그때의 일 이후로 해보지도 않고 포기하는 일은 하지 않겠다고 결심했습니다.

"그때 더 할 걸 그랬어"라고 말하는 것과 "정말 하고 싶은 건 다 했어, 고마워"라고 말하며 죽는 것은 전혀 다르다고 생각합니다.

정말은 건축 일을 하고 싶었는데 지금은 전혀 다른 일을 하고 있다거나 사실은 다른 일을 하고 싶었는데, 그걸 참고 이런 생활을 하고 있거나 하는 분들을 많이 접합니다. 가족을 부양해야 하기에 느닷없이 생활을 변화시키는 것이 현실적이지는 않겠지만 작은 행동이라면 할 수 있을 것입니다.

예를 들어 '나는 음악을 하면서 인생을 즐기고 싶었어'라고 생각한다면 지금 와서 음악가가 되어 밥 벌어 먹고 살 수는 없을 것입니다. 가족들에게 폐를 끼칠 가능성이 더 크죠. 갑자기 회사를 그만두고 음악 활동을 시작해서도 안 될 것입니다. 그러나 하루에 1시간, 2시간 작곡을 시작해볼 수는 있겠죠. 작곡한 것을 유튜브에 올려서 사람들의 의견을 들을 수도 있고 히트할지 어떨지 인터넷으로 테스트해볼 수도 있습니다. 지금 우리는 그런 시대를 살고 있습니다. 갑자기 크게 한 걸음 걸어갈 수는 없어도 작은 한 걸음을 내딛는 것은 할 수 있습니다.

이면성의 법칙을 이해하면 더욱 충실한 나날을 보낼 수 있습니다. '끝이 있다'는 것은 고마운 일일 수도 있습니다. 영원히 끝이 없이 그대로 계속된다면 게을러질 수도 있으니까요. 죽게 된다는 사실조차도 긍정적으로 생각하려 한다면 당신의 인생이 더욱 풍요로워질 수 있습니다.

그렇게 생각하면 정말 멋지지 않습니까?

# MARKETING

## 바보의 훈수
### #7

A군은 여자친구한테 차인 적이 있습니다. 정말 좋아했었는데 차였어요. 너무 좋아해서 부담스러웠나 봐요. 그 당시에는 정말 '이런 상황에 수험이 무슨 소용이냐'라는 부정적인 생각만 들고 너무나 슬펐습니다. 정신적으로 너덜너덜해졌는데요. 물론 대학은 떨어졌습니다. 하지만 지금 그것을 다시 생각한다고 해서 마음이 울적해지지는 않아요.

부정적인 마음은 계속 이어지지 않아요. 부정적인 마음을 유지하는 것이 긍정적인 마음을 유지하는 것보다 어렵습니다. 이면성의 법칙에 의거해 좋은 점과 나쁜 점이 있을 때 좋은 점에만 초점을 맞추면 긍정적인 마음이 생길 수 있어요. 부정적인 마음이 사라지니까요.

물론 부정적인 마음이 들 때도 있긴 하지만, 긍정적인 마음을 가지는 시간이 더 길어져요.

그리고 어떤 일이든 장점과 단점이 동시에 존재하기 때문에 좋은 점에 눈을 두어야 합니다.

　그러면 여러분 자신도 긍정적인 생각을 하게 되고 주변 사람들이 '그 사람 참 재미있어', '같이 일하면 즐거워'라고 생각하는 사람이 될 수 있습니다.

　꼭 긍정적인 면을 살피고 안 좋은 일이 생겼다고 해도 '고마워, 할 수 없는 일은 없어'라고 말해보세요. 기회도 많이 생길 것입니다.

　그러면 이면성의 법칙을 최대한 활용할 수 있을 것입니다.

# MARKETING

## 뒤처짐의 법칙

결과는 언제나 바로 나오지 않습니다. 바로 나오는 경우도 있지만 대부분의 경우, 큰 결과일수록 언제나 뒤늦게 나오기 마련입니다.

뒤처짐의 법칙을 이해하면 초조해할 필요가 없어집니다. 대다수는 바로 결과가 나오길 바랍니다. 특히, 비즈니스를 하는 사람들은 빨리 결과를 얻기를 바랍니다. 물론 결과가 빨리 나오면 좋겠죠. 빠르면 빠를수록 좋겠습니다. 그러나, 너무 초조해하면 모처럼 찾아온 기회를 놓쳐버릴 수 있어요. 뒤처짐의 법칙을 알고 있는지 여부에 따라 달라질 수 있습니다.

결과는 늦게 나타난다는 것을 알면 지속적으로 행동할 수 있습니다. 노력을 하고 결과가 나오기까지는 시간이 걸립니다. 이것은 거의 모든 일에서 작용하는 법칙입니다. 이 법칙을 모르고 모처럼 찾아온 기회를 놓치거나 쉽게 포기하는 일이 없기를 바랍니다.

먼저 당신의 현재 모습이나 환경은 당신의 과거가 쌓여서 만들어진 것이라는 관점에 대해 말씀드리겠습니다.

날씬한 사람이 다이어트를 하고 있다는 말을 들으면 대부분의 사람은 "넌 날씬하니까 다이어트 안 해도 돼"라고 하는데 그건 잘못된 것입니다. 그 사람은 매일 노력하기 때문에 날씬할 수 있는 것입니다. 과거의 노력이 쌓여서 지금의 멋진 몸매를 유지할 수 있는 것입니다. 물론 원래부터 마른 사람일 수도 있겠죠.

모델을 보면 굉장히 몸매가 예쁘죠. 그러나 모델에게 "당신은 날씬하니까 다이어트 안 해도 되잖아"라고는 할 수 없습니다. 지금까지 노력했기 때문에 그런 몸매를 유지할 수 있는 것입니다. 즉, 과거의 노력이 있었기 때문에 그런 몸매가 만들어진 거죠.

모든 일이 그렇지만, 결과가 나올 때까지는 시간이 걸립니다. 노력하면 바로 결과가 나오는 일은 좀처럼 없습니다. 지금까지 작은 일을 열심히 한 것이 모여 결과가 나오는 것입니다.

농부는 씨를 뿌리고 물을 주고 비료를 주고 잡초를 뽑고 제대로 관리해야 1년 후에 비로소 수확할 수 있습니다. 수확하기까지 1년 동안 씨를 뿌리고, 태풍이 오면 벼 위에 보호 시트를 깔기도 하고, 매일매일 관리해주어야 합니다.

잘 자라고 있는지, 비 피해가 없는지, 바람에 날아가진 않았는지, 새들이 달려들진 않았는지, 이러한 작업과 노력은 쌀을 수확할 때까지 보상받지 못합니다.

비즈니스에서도 마찬가지입니다. 예를 들어, 인터넷 비즈니스를 할 때도 착실한 작업이 필요합니다. 가령 블로그에 글을 쓰는 작업은 꾸준히 했을 때 성과는 반드시 늦게 찾아옵니다. 한두 건의 포스팅으로 파워블로그가 되는 일은 없습니다. 영업도 마찬가지입니다. 갑자기 최고의 영업 실적을 올리며 잘나가는 사람은 그리 많지 않습니다. 전혀 매상을 올리지 못했지만, 꾸준히 고객에게 전화해서 매일 친근감을 가질 수 있도록 상대를 위한 중요한 정보를 전달해서 신뢰감을 얻은 후에 점점 매상이 올라가는 거죠.

거의 모든 일에서 결과는 나중에 찾아옵니다. 뒤처짐의 법칙을 이해하는 것은 정말 중요합니다. 이 법칙을 이해하지 못하면 지금까지의 노력이 허사가 될 수도 있습니다.

눈앞에 골이 있는데 달리지 않는 사람은 없을 것입니다. 눈앞에 골이 보이고, 열 걸음만 더 걸으면 골에 도착하는데 그만 달리겠다는 사람은 없을 것입니다. 그런데 비즈니스에서는 자기 자신의 판단만으로 그만두는 사람이 꽤 많습니다.

'이제 더는 무리야'라고 말이죠. 그런데 정말로 무리인가요? 뒤처짐의 법칙을 이해하면 결과를 얻을 때까지 행동할 수 있게 됩니다. 물론 뒤처짐의 법칙이 전부는 아닙니다. 중간에 비즈니스 전개를 확 바꾸는 것도 중요하지만, 대부분은 어중간하게 노력하고 그만두는 사람이 많습니다.

철저히 해보고 안 된다고 판단할 수는 있습니다. 철저히 해보지 않고 크게 힘들이지 않고 결과가 나오지 않았다고 그만두는 것은 그 노력들을 헛되게 만드는 일입니다. 뒤처짐의 법칙을 이해하고 그만두는 건 좋지만 크게 힘들이지 않고서 결과가 나오지 않으니 그만둔다는 것은 그 노력을 수포가 되지 하는 것입니다. 뒤처짐의 법칙을 이해하고 열매 맺기까지 끈기 있게 기다릴 수 있어야 합니다.

이해를 돕기 위해 몇 가지 예를 들어보겠습니다.

당신에게 주사위가 하나 있습니다. 주사위를 던져서 1이 나온 횟수가 100번이 되면 당신에게 1억 원을 준다고 합니다. 그러면 주사위를 던지겠죠. 처음엔 4가 나오고 3이 나오고 2가 나오고 6이 나오고, 1이 안 나오더라도 계속 던지지 않을까요? '왜 1이 안 나오는 거야! 이 주사위는 6만 나오나?' 투덜거리더라도 계속 던질 것입니다. 그 이유는, 반드시 1이 나올 것을 알고 있기 때문입니다.

주사위는 1/6의 확률로 1이 나옵니다. 반드시 1이 나올 것이라고 확신하기 때문에 계속 던지는 것입니다. '1이 100번 나오면 1억 원을 받을 수 있다! 반드시 할 수 있다'는 믿음이 있기 때문이죠.

이 믿음이 중요합니다. 1은 반드시 나오게 돼 있다는 것을 알고 꾸준히 행동하면 결과가 나올 것입니다.

다른 예를 하나 더 들자면, '사과 이야기'가 있습니다. 당신에게 "10분 동안 사과를 좋아하는 사람 10명을 모으세요. 달성하면 1,000만 원을 드립니다"라는 과제가 주어졌습니다.

그러면 아마 바로 행동하겠죠. '10분 동안 10명 모으는 일은 어려운 일이 아니니까!'라는 생각에 회사 동료들에게 물어보거나, 주변 사람에게 마구잡이로 질문하지 않을까요?

지나가는 사람에게 "혹시, 사과 좋아하세요?"라고 묻는 거죠. "아니, 사과보다는 귤이 더 좋아요"라고 하면 "그렇군요, 협력해주셔서 감사합니다"라고 말하고, 다음 사람을 찾아 바삐 움직입니다. 다음 사람에게도 "혹시, 사과 좋아하세요?"라고 물으면 "좋아하긴 하지만, 복숭아가 더 좋아요", "그렇군요, 알겠습니다. 복숭아도 맛있죠. 협력해주셔서 감사합니다" 그러고는 다음 사람을 찾아갑니다.

"혹시, 사과 좋아하세요?" 하면 "사과요? 배도 좋은데~" "그렇군요, 알겠습니다" 하면서 당장 사과 좋아하는 사람을 찾지 못해도 계속 질문을 할 것입니다.

만약 이것이 영업이었다면 마음이 꺾일 거예요. 그런데 사과를 좋아하는 사람을 찾는다는 마인드를 가지면 마음이 꺾이지 않습니다. 더욱더 말을 걸 수 있을 것입니다.

왜일까요? 물론 10분이라는 시간 제한이 있으므로 빨리해야 하는 것도 한 가지 이유지만, 더 중요한 포인트가 있습니다.

'사과를 좋아하는 사람은 반드시 10명 이상 있다'는 것에 대한 확신입니다. 세상에 사과를 좋아하는 사람이 10명은 있지 않을까요?

저는 직업상 인터넷 비즈니스 관련 상담을 자주 하는데 "유튜브 동영상이 효과적이라 동영상을 올리기 시작했는데 시청자가 너무 없어서 계속해야 할지 고민된다"는 상담을 할 때가 있습니다. 안심하시기 바랍니다. 단언컨대, 당신의 정보를 필요로 하는 사람은 반드시 있습니다. 물론 적당히 아무 내용이나 올리면 효과가 없겠지요. 정보의 질을 향상시키는 것도 중요합니다.

책을 읽고 세미나에 가서 배우는 것도 필요하지만, 독창성을 만드는 것도 필요합니다. 자신만의 독자적인 콘텐츠를 올리는 노력을 하면 동영상 구독자가 늘지 않는 그런 일은 절대로 없습니다.

세상에 사과를 좋아하는 사람이 10명 이상은 반드시 있다고 생각하는 것처럼, 당신의 정보를 원하는 사람도 분명히 있습니다. 당신이 올리는 동영상 콘텐츠가 도움이 되고, 다음 동영상이 기대된다고 생각하는 인터넷상의 잠재 고객은 수없이 많이 있고 세계적으로 보면 더 많습니다. 그중에서 100~300명이 당신에게 흥미를 가진 유망 고객이 되어준다면 충분히 비즈니스를 할 수 있습니다.

'제 유튜브 채널은 구독자 수가 너무 적어요', '전혀 잘 안 돼요'라는 생각은 일절 없애도록 하세요. 만약 믿지 못하시겠다면, 3개월간 하루도 빠짐없이 매일 유튜브에 동영상을 올려보세요. 확신하게 될 것입니다. 물론, 도움이 되는 내용으로 올려야겠지요.

　당신의 정보로 도움을 받는 사람은 반드시 있습니다. 당신이 올리는 정보에는 훌륭한 가치가 있습니다. 사과를 좋아하는 사람이 10명 이상은 있을 거라 생각한 것처럼, 당신을 필요로 하는 사람도 반드시 있다는 것입니다. 뒤처짐의 법칙이 작용한다는 것을 이해하고 사과를 좋아하는 사람은 반드시 10명은 있을 거라는 믿음이 있다면 지속적으로 행동할 수 있습니다. 결국엔 좋은 결과를 얻을 수 있다는 것을 믿고, 기본적으로는 제대로 일을 하면 결과는 나오게 돼 있습니다. 반드시 어떤 형태로든 결과는 나옵니다. 결과를 얻기까지 여러 번 실패할 수도 있습니다. 잘되지 않을 때도 있습니다. 하지만 그렇다고 꺾이는 것이 아니라 그것을 즐겨야 하겠습니다. 그 실패가 있었기 때문에 이야깃거리가 만들어지고 결국엔 고객 모집으로 이어지기도 합니다.

　다음으로 '행동이 늦어지면 결과는 더욱 늦어진다'는 말씀을 드리겠습니다. 뒤처짐의 법칙에 의하면 그냥 있어도 결과는 뒤늦게 찾아옵니다. 그렇다면 당신의 행동이 늦어지면 결과는 더욱 늦어집니다. 행동이 느리면 손해를 보는 일도 많습니다.

　예를 들어 소수 정원의 시크릿 세미나가 있다고 해봅시다. 굉장히 좋은 노하우를 알 수 있는 시크릿 세미나입니다. 참가할 수 있는 건 선착순 5명뿐입니다. 행동이 느리면 그 세미나에서 다루는 내용을 평생 모를 수도 있습니다.

그 정보를 알면, 당신의 행동이 더욱 빨라져서 결과를 더 빨리 낼 수 있었을 텐데 행동이 느려서 세미나에 참가하지 못하고 귀중한 정보를 평생 얻을 수 없게 될 수도 있습니다. 실제로 비즈니스 현장에서는 이런 일이 자주 발생하므로, 행동이 느리면 뒤처짐의 법칙이 더 작용하게 되어 결과도 더 늦게 얻게 됩니다.

따라서 주저하지 말고 목적을 명확히 해서 행동이 느리면 손해를 본다는 것을 이해하시기 바랍니다. 행동이 느려서 좋은 일은 별로 없습니다. 속도가 느려서 좋은 일은 없습니다.

비즈니스에서도, 다른 일에서도 '느리다'는 말은 별로 긍정적인 말이 아니잖아요? 가령 지하철을 탈 때도 지하철이 느리다면 별로 좋지 않죠? 천천히 가기 때문에 안 흔들려서 좋을 수는 있지만 '느리다'는 말에 그리 좋은 인상은 없습니다. 행동은 빨리 신속하게 하는 것이 좋습니다.

특히, 인터넷 비즈니스에서는 단 10분의 차이로 인해 큰 차이가 생기기도 합니다. 뒤처짐의 법칙이 작용하기 때문에 그냥 있어도 결과는 늦게 찾아옵니다. 자신이 할 수 있는 최대한의 행동은 빨리해야 할 것입니다.

# MARKETING

## 바보의 훈수
## #8

    뒤처짐의 법칙을 정리해보면, '결과는 반드시 뒤늦게 찾아온다'는 것입니다.

    농부가 씨를 뿌리는 것과 마찬가지로 쌀을 경작하는 데는 1년 정도가 걸리는데, 1년 후에 수확할 때까지는 아무리 노력해도 보상을 받지 못합니다. 비즈니스도 그래서 결과가 늦어집니다.

    씨를 뿌리고 비로소 열매를 맺는 것이 비즈니스입니다. 주사위 이야기도 하고 사과를 좋아하는 사람 10명을 모으는 이야기도 했습니다. 우리는 그것을 이해해야 합니다.

    그리고 행동이 늦어지면 결과는 더욱 늦어집니다. 뒤처짐의 법칙 때문에 그냥도 결과는 늦게 오는데 게다가 여러분의 행동까지 느리면 결과도 더욱 늦어집니다. 그러므로 행동을 빨리해야 합니다.

    그리고 행동하다가 생긴 고민은 친구에게 상담하고, SNS로 구체적인 질문을 해보시기 바랍니다.

**MARKETING**

# 밸런스의 법칙

세상을 살아가는 데 밸런스가 중요합니다. 어떤 일이든지 극단적이 되면 좋지 않겠죠.

예를 들어, 사람이 살아가는 데 물은 꼭 필요합니다. 물을 마시지 못하면 죽습니다. 하지만 물을 너무 많이 먹어도 치사량일 수 있습니다. 물 10ℓ를 한 번에 마시는 것은 치사량이라고 합니다.

설탕도 그렇습니다. 설탕도 1kg이 치사량이라고 합니다. 소금도 어느 정도를 섭취해야 하지만 너무 많이 섭취하면 치사량이라고 합니다. 간장도 168~1500mL가 치사량이라고 합니다. 물, 설탕, 소금, 간장도 그렇듯이 모든 일에는 밸런스가 존재합니다.

돈에도 밸런스가 있습니다. 돈을 모으는 것도 중요하지만, 가치를 다하려면 사용해야 합니다. 돈은 사용해야 비로소 가치가 있는 것입니다. 돈을 벌어서 여행 비용으로 사용하거나 해외여행에 돈을 쓰면 경험이라는 가치가 생기는 것입니다.

자동차를 구매하거나 컴퓨터를 구매할 때도 마찬가지입니다. 하드디스크를 구매하거나 프린터기를 구매하는 등, 다양한 물건들을 구매하거나 경험을 얻을 때 가치가 생겨나는 것입니다.

돈을 모으고 사용하는 데도 밸런스가 필요합니다. 밸런스의 법칙으로 설명할 수 있는 것 중에 '책임과 자유는 비례한다'는 것입니다.

책임이 증가하면 할수록 더욱 자유로워진다는 것을 알고 있습니까? 책임이 크면 클수록 그만큼 자유를 얻을 수 있습니다. 예를 들어 창업주나 개인 사업주는 책임을 지고 있습니다.

자신의 회사이기 때문에 모든 것은 자신의 책임하에 있습니다. 그렇지만 모두 자기 책임이기 때문에 원하는 시간에 일할 수도 있고 자신이 원하는 시간에 휴식을 취할 수도 있습니다. 스스로 컨트롤할 수 있다는 것입니다.

그런데 아르바이트를 하는 경우, 책임은 적지만 자유롭지는 못합니다. 아르바이트로 일하는 시간에 구속됩니다. 휴일도 정해주는 대로 받습니다. 직접 일정표를 제출할 수는 있겠지만, 자유는 적습니다. 시간도 제한적이고 장소에도 제약이 있습니다.

그러나 창업주나 개인 사업주, 혹은 인터넷 비즈니스라면 카페에서 일할 수도 있습니다. 차를 마시면서 컴퓨터를 할 수도 있고 호텔 라운지에서도 일할 수 있습니다. 스마트폰으로 일할 수도 있고 해외에서 일할 수도 있습니다.

창업주나 개인 사업주, 프리랜서는 자기 책임하에 자유로울 수 있습니다. 그만큼 돈을 벌지 못하면 전부 자기 책임인 거죠. 이것이 '책임과 자유는 비례한다'는 것입니다.

책임이 있으면 의욕도 생깁니다. '자리가 사람을 만든다'는 말이 있는 것처럼 말이죠.

직장에서 직함이 생기면 기쁘잖아요? "당신을 오늘부터 팀장으로 임명합니다"라고 하면 승진의 기쁨이 있죠. 직책이 올라가면서 책임이 커지고, 주변 사람들로부터 "저분이 팀장님이야"라는 말을 듣는 것도 기쁘지만, 책임이 커진다는 것은 매우 중요합니다.

일에 쫓기는 것이 아니라 일을 쫓게 되는 것입니다.

'책임과 자유는 비례한다'

회사의 대표가 아니더라도 직원으로 또는 아르바이트하는 입장에서 책임을 스스로 컨트롤할 수 있고 적극적으로 프로젝트를 진행하는 것도 즐거울 것입니다.

자유를 손에 넣고 싶다면 책임을 져야 합니다. 또 그러한 책임은 즐거움으로 되돌아옵니다. 밸런스를 유지한다면 인생이 더욱 즐거울 것이라 생각합니다.

주는 것과 받는 것의 밸런스를 유지하는 것도 중요합니다. 당신이 무언가를 주는 것도 중요하죠. 많은 사람에게 무언가를 주어서 도움이 된다면 되돌아오는 것도 있을 것이고, 스스로도 기분이 좋을 것입니다.

인간관계에서 성공하고 싶다면 상대방이 좋아하는 것을 먼저 해줄 것! 비즈니스가 잘 되려면 먼저 도와주는 것이 중요합니다.

그러나, 받는 것도 잊지 말아야 한다고 생각합니다.

예를 들어 "너 요즘 정말 열심이다" 또는 "항상 고마워요"라고 칭찬을 받았다고 해봅시다.

저를 포함해서 대부분의 사람들은 이런 칭찬을 들으면 "정말요? 감사합니다!"라고 받아들입니다. 자신에게 상을 주는 거죠. 상대방이 무언가를 주면 그걸 잘 받아주는 것입니다.

"감사합니다. 정말 기뻐요."

이렇게 밸런스를 유지하면 자신도 만족스럽고 기쁘기 때문에 행동할 수 있고, 일도 잘되고, 인간관계도 좋아질 것입니다. 계속 주기만 하면서 충분히 기뻐하는 사람도 있겠지만, 상을 받는 것도 중요합니다.

"당신은 영업 잘하시는군요"라거나 "당신의 미소는 정말 멋지군요"라고 칭찬 들으면 "아니, 당치도 않아요~그렇지 않아요, 아직 멀었어요"라고 부정하기보다 받아들이는 것이 유익하다고 생각합니다. "아, 정말요? 감사합니다! 그 말을 들으니 기뻐요!"라고 하면 상대방도 기분이 좋을 것입니다. '말해주길 잘했다'라고요. 주는 것과 받는 것의 밸런스를 기억하시기 바랍니다.

그럼 '밸런스의 법칙'을 제대로 활용하기 위해서는 어떻게 해야 하는지 말씀드리겠습니다.

앞서 말한 것처럼 책임과 자유의 밸런스를 잘 유지해야 하는데 즐거움을 얻으려면 책임을 컨트롤해야 합니다. 책임을 컨트롤한다는 것은 리스크를 두려워하지 않는다는 것입니다.

처음에는 무섭고 두려울 수 있지만, 책임감을 즐겨야 합니다. 이런 경험은 스스로 한 번만 해보면 쉽게 알 수 있습니다.

비즈니스에서 책임을 지는 방법도 배우고 자신이 생각한 것이 형태를 이루고, 세상이 그것을 받아들여 주었을 때 느끼는 기쁨이야말로 완전한 기쁨이라 할 수 있겠죠. 역시 경험해야 알 수 있는 실제로 해보지 않으면 모르는 것입니다.

저도 처음으로 세미나를 개최할 때 정말 두려웠습니다. '수많은 사람 앞에서 얘기하다 보면 모두가 공감해줄까'라는 생각에 두근거리고 떨리지만, 일단 세미나를 하고 '강사님의 얘기를 듣고 좋았어요, 많이 배웠습니다'라는 말을 들으면 자신감도 생기고 뿌듯함이 올라옵니다. 내가 하는 일이 '많은 사람에게 도움을 주고 있구나', '이 세미나, 꽤 인기 있네'라고요.

지금은 사람들 앞에서 강의하거나 조명을 받으며 TV에 나와 스피치를 해야 하는 긴장되는 순간이 있을 때도 저는 그것을 즐기도록 노력합니다. 이런 경험은 쉽사리 할 수 없다고, 다양한 사람을 만나지 못했다면 이런 경험을 하지 못했을 거라고 긴장을 즐기는 거죠. 그리고 이렇게 긴장할 기회를 주어 고맙다고도 생각합니다.

경험해야 알 수 있습니다. 한번만 경험해보면, 자신의 책임하에 리스크를 감수해서 기획하고 그것을 실행하는 것이 즐겁다는 것을 알게 됩니다. 물론 모든 것이 다 잘 되는 것은 아니고 실패하는 일이 더 많을 수도 있지만, 그러한 실패까지 즐길 수 있게 됩니다.

회식이나 파티를 하더라도 자신이 기획해서 하면 즐거울 것입니다. 한번 그 즐거움을 경험하면, '그만둘 수 없어, 멈출 수 없어'가 되겠지요. 한번 용기 내어 시도해보세요. 아무래도 두렵다는 분들은 다른 사람들의 도움이 필요합니다.

예를 들어, 멘토를 만나서 강제적으로 길을 여는 것도 좋을 것입니다. 세미나를 예로 들어보면 '세미나를 해야 하는데 두려우니까 다음 주로 미루거나 1년 후에 하자'라거나, 혼자서는 계속 뒤로 미루게 됩니다. 그러나 이끌어주는 사람이 있으면 미룰 수가 없게 되죠.

세미나의 주제와 시간을 정하고, 세미나 장소까지 알아서 섭외하고 모객을 도와줍니다. 강의를 할 수 있도록 코칭을 해주기 때문에 강제적으로 길을 만들어줍니다. 실제로 할 수밖에 없는 상황이 되는 거죠.

할 수밖에 없는 환경을 만드는 것이 매우 중요합니다. 자신이 직접 만들 수 있다면 좋겠지만 좀처럼 쉽지 않습니다. 할 수밖에 없는 상황을 만들도록 다른 사람에게 지시를 받는 것도 비약적으로 성장하는 방법입니다. 자신을 이끌어줄 멘토를 적극적으로 만나보시기 바랍니다.

## MARKETING

## 바보의 훈수
#9

'밸런스의 법칙'을 정리해보겠습니다. 밸런스의 법칙이란, 물을 마실 때도 치사량이 존재하기 때문에 밸런스를 잘 맞춰 물을 마셔야 한다는 것입니다. 설탕, 소금, 간장도 밸런스를 잘 맞추는 것이 중요합니다.

돈을 사용하고 모으는 것도 밸런스를 맞춰야 합니다. 돈을 사용하는 데도 '소비'와 '투자'의 밸런스를 맞춰야 합니다.

그리고 '책임'과 '자유'도 밸런스를 잘 유지해야 합니다. 실제로 책임이 크면 클수록 더 큰 자유를 얻을 수 있으므로, 책임을 컨트롤할 수 있게 되도록 노력해야 합니다.

그리고 주는 것과 받는 것을 잘 기억해야 합니다. 여러분이 무언가를 주는 것은 훌륭한 일입니다. 그리고 무언가를 받을 때도 고맙게 받아보세요. 그러면 밸런스가 좋아져서 시야가 넓어질 수 있습니다. 한번 해보세요.

그리고 책임을 컨트롤하려면 실제로 체험해보는 것이 가장 좋으니 행동해보세요. 실제로 모두가 새로운 일을 하기를 두려워합니다. '그게 잘 될까?' 하고요.

정말 오랫동안 비즈니스를 하신 분들도 두려운 건 두려운 겁니다. 실제로 어떻게 될지 알 수 없다는 분들도 계십니다.

세미나를 예로 들었는데요. 세미나를 하는 게 두렵다면 다른 사람이 자신을 도와줄 수 있는 환경을 만들어야 합니다. 컨설팅을 의뢰하거나 멘토에게 부탁해서, "제자로 삼아주세요! 세미나를 잘하고 싶어요!", "비즈니스를 잘하고 싶어요! 카피라이팅을 잘하고 싶어요!"라고 부탁할 수 있습니다

그렇게 강제적으로 길을 만들게 되면 쑥쑥 성장할 것입니다.

MARKETING

# 인과의 법칙

어떤 일이 일어나면 반드시 원인이 있습니다. 예를 들어 당신이 부업으로 한 달에 300만 원을 벌었습니다. 거기에는 반드시 원인이 있습니다. 당신이 부업을 하겠다는 생각을 한 원인이 있었기에 한 달에 300만 원이라는 결과를 얻은 것입니다.

온종일 잠만 자고 1년 동안 계속 놀고먹었는데 어느 날 눈 떠보니 엄청난 부자가 되어 있었다. 그런 일은 있을 수 없습니다. 유산을 물려받았다면 그럴 수도 있겠네요. 그러나 유산을 받은 것에도 원인은 존재합니다. 어떤 분이 돌아가셔서 그 유산이 상속되었기 때문이라는, 원인이 있었기에 결과가 있는 것입니다.

씨를 심지 않은 곳에서 꽃이 필 수는 없습니다. 원인이 없다면 결과도 있을 수 없습니다. 역시 어떤 일이든 원인→결과, 원인→결과가 반드시 존재합니다. 이 '인과의 법칙'을 알면 매우 유용합니다. 당신의 인생이 더욱 좋아지고, 성공이 더 쉬워지고, 더 쉽게 수익을 창출할 수 있는 등의 장점이 있으니 이 내용도 잘 읽어주세요.

그리고 감사하는 마음도 생길 것입니다. 당신의 환경은 지금까지 만난 친구나 동료, 가족, 파트너 덕분에 만들어진 것입니다. 지금 당신의 사고방식은 주변 사람들에게서 영향을 받은 것이 가장 많습니다. 책을 읽은 것도 있겠지만, 그 책도 누군가가 쓴 것입니다. 다양한 사람들과의 만남으로 당신의 인생이 이루어져 있고 지금의 생활을 할 수 있게 된 것이라는 원인을 생각하면 감사하게 됩니다. 지금이라는 결과의 원인을 생각하다 보면 감사하는 마음에 도달하게 됩니다. 감사하는 마음이 생기면 인생도 풍요로워지겠죠.

먼저 인과의 법칙을 알고 이해하는 것이 얼마나 유익한지 말씀드리겠습니다. 어떤 일이 일어난 결과에는 모두 원인이 있다고 했는데 모든 것이 필연적이고 반드시 원인이 존재한다는 것을 의식하면 의욕상실이 되거나 낙담해서 포기하는 것이 아니라 지속적인 동기부여가 되어줍니다.

사실 동기부여가 잘 되는 것도, 그렇지 못한 것에도 원인이 있습니다. 어떤 경우에 의욕이 떨어지는가, 어떤 경우에 동기부여가 잘 되는가, 누군가와 만나면 동기부여가 잘 된다거나 책을 읽으면 동기부여가 잘 된다, 등등 많이 있을 것입니다.

그런 것들을 체크해서 정리해보세요. 동기부여가 잘 되는 체크 리스트와 그렇지 못한 원인의 체크 리스트를 만들면 비교적 명확해집니다.

가령, 일찍 일어났다가 다시 잠들어버린다거나, 늦게까지 술을 마시면 아침에 늦게 일어나게 되어 자기혐오에 빠진다거나, 온종일 TV를 보다가 '정말 쓸모없는 짓을 했어'라고 후회하면서 의욕을 잃는다거나, 다양한 원인이 있을 것입니다. 이런 것들을 자세하게, 명확하게 체크 리스트로 만들면 의욕을 관리하기가 매우 쉬워집니다. 체크 리스트에 있는 의욕이 떨어지는 행동을 하지 않으면 되니까 자기를 관리하기가 쉬워지겠죠.

가령 의욕이 떨어져도 의욕이 증가하는 원인을 체크 리스트로 만들었기 때문에 그대로 행동하면 됩니다. 좋아하는 음악을 듣는다거나, 영화를 본다거나, 친구를 만나 수다를 떤다거나, 스포츠를 한다거나, 달리기를 해서 몸을 움직인다거나, 많이 있을 것입니다. 체크 리스트를 만들어놓으면 의욕 관리를 하기 쉬워집니다.

또 한 가지 장점은 실패가 극적으로 줄어든다는 점입니다. 인과의 법칙을 확실하게 알아두면 '극적으로' 실패가 줄어듭니다. 왜냐하면, 원인을 의식하게 되기 때문입니다. 어떤 원인으로 인해 이러한 결과가 나온 것인지 의식하게 되므로, 리스크 매니지먼트를 잘하게 됩니다. 예를 들어, 지금 이 말을 상대방에게 하면 상대방은 이렇게 생각할 테니 마이너스가 될지도 몰라, 인상이 안 좋아질 수도 있는 원인을 제공하지 않으려고 의식하게 될 것입니다.

일부러 실패할 필요는 없겠죠. 실패도 경험해보아야 한다고 생각하지만, 겪지 않아도 되는 실수는 안 하는 게 더 빨리 성공할 수 있는 길이라 생각합니다. 원인을 확실히 의식하면 미래를 상상할 수 있습니다. 이런 행동이 어떤 결과를 초래하는지에 대해 항상 의식하게 되니까 리스크 매니지먼트를 잘하게 되는 거죠.

이점은 비즈니스에서 매우 중요한 이야기입니다. 예를 들어, 회사 홈페이지 제작을 의뢰했는데 한 달 걸린다고 합니다. 더 길어지면 2달 후가 될 수도 있겠죠. 비즈니스 현장에서 기한이 늦어지는 경우가 종종 있다는 원인을 알면 앞으로 벌어질 일을 예측할 수 있게 됩니다.

지금 이런 행동을 하면 어떤 미래가 될 것이라는 것을 알면, 다양한 패턴을 시뮬레이션할 수 있을 것입니다. 비즈니스를 할 때는 특히 더 그렇죠. 항상 예상하지 못한 뜻 밖의 사태가 발생할 수 있으므로 최소한의 리스크는 상정해두는 것이 좋습니다.

- 의욕을 관리하기 쉬워진다
- 리스크 관리가 쉬워진다

이 2가지 장점을 이해하면서 인과의 법칙을 활용하시기 바랍니다.

다음으로, 인과의 필요성에 대해 설명해드리겠습니다. 결과가 있으려면 반드시 원인이 필요합니다.

이점에 대해서는 이미 이해하셨으리라 생각하는데, 당신이 원하는 결과를 얻고 싶다면 원인을 더욱 많이 만들어야 합니다. 예를 들어 당신이 경제적인 자유와 시간의 자유를 얻고자 한다면, 경제적인 자유를 얻을 수 있는 원인을 만들어야 합니다.

경제적인 자유를 얻으려면 돈을 벌어야 하는데, 돈을 벌기 위해 어떻게 해야 하겠는가! 사람에게 가치를 제공해서 그 사람이 감동하면 그 대가로 돈을 받는 것입니다. 이것이 비즈니스의 본질입니다.

**'내가 원하는 것은 다른 사람이 모두 갖고 있다!'**

이 말은 본질을 잘 파악한 표현이라고 합니다. 당신이 원하는 것, 돈이나 시간 등은 모두 다른 사람이 갖고 있습니다. 유명해지고 싶더라도, 다른 사람들이 여러분을 유명하게 만들어주는 것입니다. '유명해지고 싶다'거나 '돈을 벌고 싶다'는 결과를 얻으려면 원인이 필요합니다.

그러기 위해서는 당신이 먼저 가치를 제공해야 합니다. 상대방을 기쁘게 하는 것입니다. "당신에게 1,000만 원을 줘도 아깝지 않습니다"라고 생각할 수 있도록 가치 제공이라는 원인을 만들어야 합니다.

그런데 어떻게 가치를 제공할까요? 매력을 증가시키거나 다른 사람의 상품을 소개해도 좋습니다. 높은 가치를 지닌 상품은 많이 있습니다. 지금 당신에게 좋은 상품이 없어도 걱정하지 마세요. 당신은 중개자 역할을 할 수 있겠죠. 인터넷 비즈니스에서는 어필리에이트라고 하는데, 높은 가치를 지닌 상품을 제공해서, 당신이 소개하는 상품이라면 구매하고 싶다고 생각할 만한 매력을 증가시켜야 할 것입니다.

매력을 증가시키는 데 가장 중요한 것은 무엇일까? 역시 가장 중요한 것은 '애정'이라고 생각합니다. 어떻게 들릴지 모르겠지만, 역시 애정이 중요합니다. 사랑하는 연인을 대할 때, 가족이나 아이를 대할 때 애정을 담아 대하지 않습니까? 문자 메시지를 쓸 때도 그렇습니다.

좋아하는 사람에게 문자를 쓸 때는 굉장히 신경 쓰지 않나요? '이렇게 말하면 알아들을까?', '이렇게 쓰면 싫어할까?', '이렇게 쓰면 좋아할까?' 등등 많이 생각할 것입니다.

블로그를 쓸 때도 같습니다. 고객에게 어떠한 가치를 제공하고 정보를 알려줄 때 사랑을 담아 써야 합니다. '이 정보를 알려서 훌륭한 가치를 제공한다'는 애정을 갖게 되면 매력은 점점 더 증가할 것입니다. 사랑은 역시 '감사하는 마음'에서 비롯됩니다. 감사하는 마음을 가지면 애정도 생겨납니다.

'블로그를 쓸 기회를 주어서 고맙습니다. 여러분의 귀중한 시간을 내어 글을 읽어주어서 고맙습니다. 조금이라도 도움이 되고

자 노력하겠습니다'라고 생각하고, 애정을 갖게 됩니다. 역시 그 원점은 감사하는 마음입니다. 자신의 상품이 없더라도 다른 상품을 소개할 수 있다는 것, 그리고 당신의 매력을 증가시켜 당신이 말하는 것이라면 들어보고 싶다고 고객이 생각하도록 하시기 바랍니다.

다음은 선택과 집중에 대한 내용입니다. 이미 선택과 집중은 많이 들어보았으리라 생각합니다.

### 선택과 집중

여러 가지를 한 번에 동시에 진행하려고 하면 잘 안 될 것입니다. 한 사람이 동시에 100명을 관리하려면 어렵겠죠. 일반적으로 한 사람이 관리할 수 있는 사람은 5명까지라고 합니다. 5명을 관리하는 것이 최고치라고 합니다.

동시에 많은 사람을 관리하는 것이 어렵다면 선택과 집중을 해야 할 것입니다. 하나에 집중하면 보다 큰 원인을 만들 수 있습니다. 경제적인 자유를 얻기 위해 인터넷 비즈니스를 하기로 정했다면 그것에만 집중해야 할 것입니다.

2마리 토끼를 다 잡을 수 없다고 하잖아요? 프로 야구 선수도 되고 싶고, 축구 선수도 되고 싶다고 해도 양쪽 모두가 될 수는 없습니다. 농구 선수 마이클 조던은 한때 야구도 한 적이 있어요. 프로 야구 선수로서 말이죠. 그러나 야구 선수로서 모두의 기억에 남을 만한 실적은 남기지 못했습니다.

역시 마이클 조던은 농구에 전념했을 때 많은 사람에게 감동을 줄 수 있고 농구가 그 사람에게 더 잘 맞았다고 생각합니다. 그러므로 선택과 집중이라는 차원에서 2마리 토끼를 쫓지 말아야 합니다. 우선은 한 가지 분야에서 실적을 올리고 확장해가는 전략이 중요합니다.

비즈니스도, 공부도 마찬가지입니다. 무엇을 할 것인가를 정하는 것도 중요하지만, 그보다 중요한 것은 무엇을 하지 않을지 정하는 것입니다. 한 가지 분야에서 특별한 능력을 갖추게 되면 많은 사람으로부터 인정받고 함께 비즈니스를 하고 싶다고 생각할 것입니다.

### 하지 않을 것을 정하면 해야 할 일이 명확해집니다.

앞에서 경제적인 자유를 얻으려면 돈을 벌어야 한다고 했는데, 돈을 벌기 위해서 필요한 것이 있습니다. 그게 뭐라고 생각하십니까? 바로 세일즈입니다. 세일즈를 하지 않으면 돈이 생기지 않습니다.

'이렇게 훌륭한 상품이 있으니 꼭 구매해보세요'라고 소개해야 합니다. 흔히들 '세일즈를 하면 뭔가 찔리는 기분이 든다'는 것입니다. '사람들한테 사라고 강요하는 것 같아서 싫다'고 생각하는데, 그렇지 않습니다. 그렇게 생각하면 안 됩니다. 물론 좋은 상품을 팔아야 합니다. 상대방에게 반드시 도움이 될 만한 것을 판매하는 것이 전제 조건입니다. 좋은 상품이라면 오히려 소개하지 않으면 안타까운 거죠.

예를 들어, 당신은 한 달에 1번 이상 세차를 한다고 해봅시다. 주유소에 가면 꼭 세차를 합니다. 매달 세차하니까 6개월이면 최소 6번 이상은 세차를 하겠죠. 하루는 항상 다니는 주유소 직원이 '찾아주셔서 감사합니다. 세차를 자주 이용하시는데요, 세차 티켓을 판매하고 있습니다. 이 티켓은 세차를 3번 하는 요금으로 6번 세차할 수 있는 티켓입니다. 이 티켓을 구매하시면 2번 세차 요금이 절약됩니다. 구매하시겠습니까?'라고 제안을 했다고 생각해봅시다.

그러면 당신은 매달 1번 이상은 꼭 세차를 하니까 4번 하는 요금으로 6번 세차를 할 수 있다면, 이득이겠죠. 저도 그런 입장이라면 살 것입니다. 이런 것이 좋은 세일즈라고 생각하지 않으시나요? 굉장히 기쁠 것입니다. 이득을 보게 되는 거니까요. 이러한 세일즈는 반드시 해야 합니다.

여기서 알아야 할 것은 주유소의 직원이 이 티켓의 존재를 말해주지 않았다면 당신은 평생 모르고 지났을 수도 있었다는 것입니다. 4번 세차할 수 있는 돈으로 6번을 할 수 있는데 그걸 모르고 지낸다면 손해 보는 거잖아요.

주유소 직원이 세일즈를 해주었기 때문에 이득을 본 것입니다. 세일즈는 이런 감각을 가져야 합니다. 반드시 사야 한다고 고객의 등을 슬쩍 밀어주지 않으면 좀처럼 구매하지 않습니다. 고객에게서 신뢰를 얻고 상품을 소개하는 것, 고객이 상품을 사는 계기를 만들어주는 것, 원인을 만들어주는 것입니다. 그 사람이 행복해지도록 원인을 만드는 것입니다. 많은 사람이 행복해질 수 있다는 확신이 든다면, 다소 강요를 하더라도 추천하는 것이 더 좋다고 생각합니다.

예를 들어, 건강에 아주 좋은 보조 식품이 있다고 해봅시다. 그 보조 식품을 통해 많은 사람의 건강이 좋아졌다는 것이 과학적으로 증명되었다는 것도 알고, 자기 자신도 그러한 체험을 했다면, 추천하는 것이 좋을 것입니다. 어떤 사람이 어떠한 병으로 고민하고 있다면 말이죠. 강제로라도 먹이는 것이 좋을 것입니다. 그런 감각을 가지는 것이 중요합니다.

정말 그 사람을 위한 것이라면 말에 힘이 흔들리지 않을 것입니다. 떳떳하지 않을 이유도 없고 오히려 소개해야 한다고 생각합니다. 좋은 상품은 판매해야 합니다. 이때도 역시 애정이 중요합니다. 상냥하게 대하는 것만이 애정이 아닙니다. 때로는 강제로, 엄격함도 필요합니다. 상대방에게 도움이 되는 것이라면 미움을 받아도 좋다는 생각을 해야 한다고 생각합니다.

친구 중에 반드시 고쳐야 하는 성격이 있다고 합시다. '이 친구는 그 성격만 고치면 정말 좋을 텐데', '인간관계가 더 좋아질 텐데'라고 생각하는 경우가 있다고 해봅시다. 그럴 때는 반드시 말해줘야 할 것입니다. 말하지 않으면 모르기 때문이죠. 말을 안 하는 이유는 그 친구에게 미움받는 게 싫어서, 화를 내는 게 싫어서, 분위기가 안 좋아지는 게 걸려서 등등의 이유가 있겠지요. 그런데 미움받는 게 싫어서 분위기 안 좋아지는 게 걸린다는 것은 달리 말하면, 자기 자신만 생각하고, 자신에게만 초점을 맞추는 이기적인 생각입니다. 상대방을 생각해서, 때로는 미움받아도 좋으니까 확실하게 말해주는 것이 진정한 상냥함이라 생각하지 않나요? 저는 그렇게 생각합니다.

애정으로 대하면 상대에게 그것이 전해집니다. '그 사람이 해준 말이 정말 도움이 됐어'라고, 바로 깨닫지 못할 수도 있고 화를 낼 수도 있겠죠. 그러나 결국, '그 사람은 정말 날 생각해서 그런 거북한 말도 해준 거구나'라고 실감하게 될 것입니다. 자신의 관점에서가 아니라 감사하는 마음을 가지고 상대방을 위해, 때로는 엄격하게 말하는 것도 중요합니다.

함께 일하는 파트너나 회사 내 동료에게도 마찬가지입니다. 함께 영업해온 동료를 보면서 어떤 점을 고치거나 보완하면 영업 성적이 더 오를 텐데 상대방이 싫어할지 모르니까 상대방이 나보다 영업 성적이 더 좋아서 내가 말하면 더 싫어할 수도 있으니까 그런 생각으로 말하지 않는 건 이상하잖아요?

스스로 깨닫는 것과 다른 사람의 말을 듣고 깨닫는 것이 다를 수 있습니다. 혼자서 모든 것을 파악할 수는 없습니다. 그래서 매니저 같은 사람이 필요한 것입니다.

축구도 야구도 감독이 있습니다. 감독 없이 선수 혼자서는 깨닫지 못하는 부분이 있습니다.

자세가 이상하다거나 이렇게 던지는 것이 더 좋다거나 야구에서 수비할 때 판단이 좀 늦는다거나 글로브를 잘 다루지 못한다거나. 그럴 때 스스로 깨닫는 부분도 물론 있지만 다른 사람이 보고 '이 부분이 이상하다'고 말해주는 것도 있습니다.

말해주지 않으면 그 사람은 평생 알 수 없습니다. 그러면 성장할 수 없죠. 미움받을 수도 있다는 생각 때문에 친구가 성장할 기회를 없앨 수도 있습니다. 애정과 감사하는 마음이 있다면 상대방에게 확실하게 전할 수 있게 됩니다.

세일즈는 '정의'입니다. 억지로 판매를 강요하는 것은 싫겠지만, 좋은 상품이라면 떳떳하지 못할 이유가 전혀 없습니다. 이 점을 이해한다면 매출도 변화될 것이라 생각합니다. 지금 비즈니스적인 측면에서 말씀드렸는데, 또 한 가지 의식해야 할 점은 정보에 가치를 두라는 것입니다.

정보 하나로 인해 결과가 10배, 100배로 갈라질 수 있으므로 정보는 매우 중요합니다. 정보를 사거나 컨설팅을 의뢰하면 그 사람이 지금까지 공부해온 노하우를 살 수 있는 것입니다.

10년간 컨설팅 사업을 해온 전문가에게 컨설팅을 의뢰했다면 그 사람의 10년 치 노하우를 돈으로 살 수 있는 것입니다. 전문가에게 질문하면 바로 대답해줍니다.

"마케팅을 잘 못 하겠어요. 어디가 잘못된 거죠?'"

"그건 인터넷 고객 모집 부분이 잘못된 것입니다."

즉, 시간을 사는 것입니다.

물론 스스로 공부해서 스스로 해결할 수도 있지만, 가능하다면 빨리 해결하는 게 좋겠죠. 빨리 해결하려면 돈으로 정보를 사서 잘못된 길로 걷지 않도록 해야 합니다.

어떤 정보를 넣는가, 질이 높은 정보를 넣는가, 아니면 거짓을 넣는가, 혹은 전혀 활용할 수 없는 쓸모없는 정보를 계속 넣는가, 뇌가 어떤 정보를 입력하는가에 대해 의식해야 합니다.

정보에 의해 사람의 사고방식이 결정되니 일류 정보를 접하는 것이 매우 중요할 것입니다.

## MARKETING

## 바보의 훈수
## #10

인과의 법칙을 효과적으로 활용하려면 구체적으로 어떤 행동을 해야 좋을지 말씀드리겠습니다.

그것은 항상 '왜일까?' 하는 의문을 갖는 것입니다. 예를 들어 아침에 일어나 밥을 먹고 회사에 가려고 지하철을 탔습니다. 지하철에서 문득 어떤 광고를 보게 됩니다. 그때 '왜일까?' 하고 생각하면, '왜 이 광고는 여배우를 사용했을까?'라거나 '왜 이 광고는 배경을 빨간색으로 만든 걸까?' 등의 여러 가지 의문점이 생길 것입니다.

'왜일까?'
'왜 지금 먹은 밥은 맛있는 거지?'

'왜 이 밥은 이렇게 맛있는 거지?'
'쌀과 찹쌀을 어떤 비율로 섞은 것일까?'
결과를 보고 원인을 생각하게 되는 버릇이 생기게 됩니다.

'왜 저 사람은 경제적인 자유를 얻은 것일까?'
'왜 저 사람은 시간이 여유로운 걸까?'
'왜 저 사람은 인기가 있는 걸까?' 하고 생각하면 원인을 알 수 있습니다.
'왜 저 연예인이 나오면 다 재미있어 하는 걸까?'
'왜 저 사람이 하는 말은 재미있는 것일까?'
'왜 이 사람이랑 같이 있으면 설레는 것일까?'
'왜 이 사람은 이렇게 다른 사람에게 감동을 줄 수 있는 것일까?'
'왜일까?' 하고 생각하면 간단하게도 쉽게 본질을 볼 수 있습니다.

항상 '왜일까?' 생각하면 결국 본질을 분별할 수 있게 되므로 지금 하는 행동이 어떤 결과를 만들어낼지 자연스럽게 생각하게 됩니다.
이러한 '인과의 법칙'을 제대로 활용하기 위해서는 '왜일까?'라고 생각하면서 생활하도록 해보세요. 지금까지 당신이 생각하지 못했던 것들이 자연스럽게 떠오르게 될 것입니다. '인과의 법칙'은 정말 중요하므로 가능하다면 여러 번 반복해서 읽으시기 바랍니다.

# 부록

## 자동판매를 완성하는 템플릿 모음

# 예상 고객 어프로치용 템플릿

## No 1. 신제품 릴리스용 템플릿

[Point]
※ 자사가 보유한 고객리스트에 신상품 릴리스의 소식을 보내기 위한 템플릿

템플릿은 다음과 같습니다.

【메일제목】
○○님, 릴리스 상품명이 드디어…!

【본문】
○○님
오늘 ○○님에게 중요한 소식이 있습니다.

○월 ○일에 신상품 릴리스 상품명의 발매가 확정되었습니다.

릴리스 상품명

http://xxxxxxxxxx.com 상품 신청 페이지 URL

이 릴리스 상품명은

【상품의 설명문】

상품의 장점(메리트)과 얻을 수 있는 것이나 상태 등
상품의 장점(메리트)과 얻을 수 있는 것이나 상태 등

이 메일을 읽으시는 ○○님에게 상품명을 특별 선행 가격으로 ○○○○원에 드리겠습니다. 일반 공개 가격으로는 ○○○○원에 판매될 예정이오니 일반 가격 ○○% 할인의 특별 선행 가격입니다.

일반 가격은 예정이지만 이 가격보다 높아질 것으로 예상됩니다.

일반 공개는 ○월 ○일로 예정하고 있습니다만, 이날부터는 특별 가격으로는 구할 수 없게 되오니 주의바랍니다.

릴리스 상품명

http://xxxxxxxxxx.com 상품 신청 페이지 URL

하나만 약속해주세요. 이 메일은 ○○님을 포함한 극소수의 분에게 밖에 보내지 않습니다.

그래서 이 일은 절대 입 밖에 내지 않도록 부탁드립니다.

그럼, 앞으로도 잘 부탁드립니다.

○ ○ ○ (이름)

[발행처] 비즈노 컨설팅

[홈페이지 주소] http://www.bizknow.co.kr/

[연락처] 비즈노 컨설팅 사무국 02-2263-3018

Copyright(C) http://www.bizknow.co.kr. All right reserved

## No 2. 가격 인상 안내 메일 템플릿

[Point]

※ 소개된 상품의 가격 인상 시, 판매하던 상품의 가격을 인상하게 되었을 때 보내는 메일입니다.

※ 가격 인상 전에 구입하려는 고객이 증가할 수 있으니 가격 인상 하기 전에 반드시 메일을 보내도록 합시다.

※ 고객의 구매 이용 후기 부분에서 고객의 주소, 연령 등을 가능하면 기재하도록 합니다. 이름은 이니셜이나 닉네임을 사용합니다.

템플릿은 다음과 같습니다.

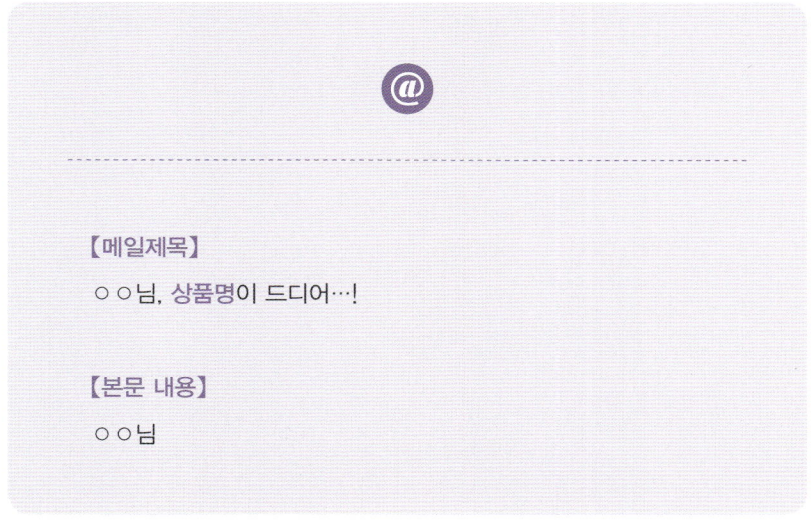

【메일제목】
ㅇㅇ님, **상품명**이 드디어…!

【본문 내용】
ㅇㅇ님

○월 ○일 상품명의 특별 할인가 판매가 종료됩니다.

상품명

↓ ↓ ↓

상품 판매 페이지 URL

이 메일을 읽고 계신 ○○님께는, 상품명을 특별 할인된 가격 ○○○원에 드린다고 말씀드렸는데, ○월 ○일 이후부터는 일반가격 ○○○○○원으로 판매되오니 주의하시기 바랍니다.

○월 ○일부터는 할인된 가격으로 구매하실 수 없습니다.

상품명

↓ ↓ ↓

상품 판매 페이지 URL

상품명을 구매하신(써보신) 고객분들의 감상을 일부분 소개해드립니다.

고객 이용 후기 1
- 이름 :
- 주소 :
- 나이 :

고객 이용 후기 2
- 이름 :
- 주소 :
- 나이 :

고객 이용 후기 3
- 이름 :

- 주소 :
- 나이 :

끝까지 읽어주셔서 감사합니다.

○○○(당신 이름)

[발행처] 비즈노 컨설팅

[홈페이지 주소] http://www.bizknow.co.kr/

[연락처] 비즈노 컨설팅 사무국 02-2263-3018

Copyright(C) http://www.bizknow.co.kr. All right reserved

# 상품 구매자용 템플릿

## No 3. 상품 구입 후 템플릿

[Point]

※상품을 구입한 뒤, 정식으로 고객이 되어준 후의 최초 접점이 됩니다. 확실한 애프터 메일을 보내, 깊은 신뢰를 얻도록 합시다. 그리고 이제부터 교제의 시작이라는 것을 전달해 당신의 단골고객을 만듭시다.

템플릿은 다음과 같습니다.

【메일제목】
ㅇㅇ님, 상품명 구입 감사합니다.

【본문】
ㅇㅇ님, 이번에 상품명을 구입해주셔서 진심으로 감사드립니다.

이 상품명은 상품에 의해 독자가 얻는 메리트입니다.

　○○님께서 오퍼의 목적을 달성할 수 있도록 저희도 최선을 다해 지원해드리겠습니다.

　불명확한 점이 있으면 언제든지 연락 주세요.

당신의 메일 주소

감사합니다.

　○○○ (당신의 이름)

[발행처] 비즈노 컨설팅

[홈페이지 주소] http://www.bizknow.co.kr/

[연락처] 비즈노 컨설팅 사무국 02-2263-3018

Copyright(C) http://www.bizknow.co.kr. All right reserved

## No 4. 상품 발송 완료 시 템플릿

[Point]

※상품 구입 시 품절 등의 이유로 발송일이 불명확한 경우, 반드시 그 취지와 이유를 고객에게 전합시다. 또 예정대로 발송하더라도 1통의 메일을 보내는 것으로, 고객의 신뢰를 얻을 수 있습니다.

템플릿은 다음과 같습니다.

【메일제목】
상품 발송 안내 상품명 또는 당신 회사 이름

【본문】
○○님 상품 발송 절차가 끝나 지금부터 발송하겠습니다.
상품 도착까지 약 3일 정도 소요됩니다.
※지역에 따라 도착 시간이 다르므로 미리 양해 부탁드립니다.
상품의 현재 위치는 이하의 URL에서 확인할 수 있습니다.
상품의 현재 위치 식별 코드

상품의 현재 위치 확인 URL(운송 회사의 연락처)

기타 상품 관련 특전과 해설
　○○님께서 오퍼의 목적을 달성할 수 있도록 저희도 최선을 다하겠습니다.

불편한 점이 있으면 언제든지 연락 주세요.
당신의 메일 주소
감사합니다.
　○○○ (당신의 이름)

[발행처] 비즈노 컨설팅
[홈페이지 주소] http://www.bizknow.co.kr/
[연락처] 비즈노 컨설팅 사무국 02-2263-3018
Copyright(C) http://www.bizknow.co.kr. All right reserved

## No 5. 상품은 잘 도착했는지 안내용 템플릿

[Point]

※상품 발송이 완료되는 시점에서 안심하기 쉬운데, 상품이 도착하지 않는 등 예측하지 못한 트러블이 발생할 수 있습니다. 도착 예정일 다음 날 정도에 이 템플릿을 보내는 것으로 서로 안심이 되며, 트러블에 신속히 대응할 수 있습니다.

템플릿은 다음과 같습니다.

【메일제목】
○○님, 상품은 잘 도착했나요?

【본문】
○○님
안녕하세요. ○○○입니다.
이번에 상품명을 구입해주셔서 감사드립니다.

상품은 잘 도착했나요? 혹시나 해서 확인 연락드립니다.

지역마다 다르지만 도착까지 약 3일, 늦어도 일주일 안에는 도착할 것으로 예상됩니다.

만약 일주일이 지나도록 상품이 도착하지 않을 경우 죄송하지만, 연락 부탁드립니다.

◆ 문의처 ◆

《《당신의 메일 주소》》

※ 메일 제목에 '상품 발송에 대해서'라고 기입해주세요.

또한, 상품과 함께 설문지도 동봉했으니 괜찮으시다면 감상을 꼭 들려주세요.

감상을 보내주신 분께는 무료 ○○○을 선물로 드리겠습니다.

앞으로 보다 좋은 상품 개발을 위해 참고하겠습니다.

만일 불명확한 점이 있으면 언제든지 연락 주세요.

《《당신의 메일 주소》》

앞으로 잘 부탁드립니다.

○○○ (당신의 이름)

[발행처] 비즈노 컨설팅

[홈페이지 주소] http://www.bizknow.co.kr/

[연락처] 비즈노 컨설팅 사무국 02-2263-3018

Copyright(C) http://www.bizknow.co.kr. All right reserved

## No 6. 업 세일용 템플릿 – 상품 구매자용

[Point]

※상품을 구입한 고객에게는 반드시 '업 세일'을 합시다. 업 세일은 가장 이익이 오르기 쉬운 포인트입니다. 반드시 상품을 준비하고 제안하세요.

템플릿은 다음과 같습니다.

【메일제목】
　상품명 구매자님 한정 특별 정보! 업 세일 상품이 가져다줄 메리트 ①을 원하시나요?

【본문】
　○○님. 안녕하세요. ○○○입니다.
　이번에 상품명을 구입하신 ○○님께는 특별히 업 세일 상품이 가져다줄 메리트 ①가 발생하는 일반에게는 알려지지 않은 극비 정보를 안내하겠습니다.

만일 업 세일 상품이 가져다줄 선물 ①에 관심이 있으면, 이 메일은 ○○님에게 매우 유익할 것입니다.
이 극비 정보를 통해서 ○○님은…

업 세일 상품이 가져다 줄 메리트 ②
업 세일 상품이 가져다 줄 메리트 ③
업 세일 상품이 가져다 줄 메리트 ②

그리고 지금 ○○명 한정, 극비 정보를 얻으실 수 있습니다.
마감되기 전 다음 링크를 클릭해서 바로 체크하세요.
↓↓↓
《업 세일 상품 링크》

○○○ (당신의 이름)

[발행처] 비즈노 컨설팅
[홈페이지 주소] http://www.bizknow.co.kr/
[연락처] 비즈노 컨설팅 사무국 02-2263-3018
Copyright(C) http://www.bizknow.co.kr, A.I right reserved

# 이벤트용 템플릿

## No 7. 만우절 템플릿

[Point]
※만우절은 거짓말을 할 수 있는 날입니다. 따라서 이야기 소재를 만들기가 쉽습니다. 실례가 되지 않도록 신경 쓰면서 '거짓말'을 생각해서 세일즈에 활용하도록 합시다.

템플릿은 다음과 같습니다.

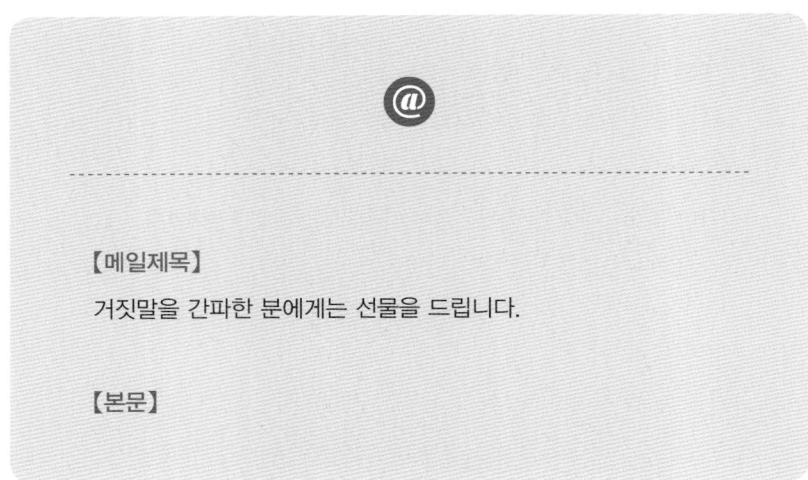

○○님, 안녕하세요. ○○○입니다.

오늘은 만우절이기 때문에 게임을 하나 생각했습니다.

아래에 있는 5가지 선택지 중에서 '거짓말'이라고 생각되는 것을 골라 보세요.

고른 다음 그 아래에 있는 해답 페이지의 링크를 클릭해서 답해주시기 바랍니다. 멋지게 정답을 맞히신 분에게는 무료 선물을 드릴 것이니 꼭 도전해보세요.

안타깝게도 정답을 맞히지 못하더라도 선착순 100명에게 특전을 준비했으니 포기하지 말고 도전하시기 바랍니다.

1. 선택지 1
2. 선택지 2
3. 선택지 3
4. 선택지 4

아래 주소를 클릭해서 답해주세요.
↓
해답 페이지 URL

정답을 맞히시면 호화로운 무료 선물을 드립니다.
○○○ (당신의 이름)

PS. 이 이벤트는 오늘 하루 동안만 진행됩니다.

[발행처] 비즈노 컨설팅

[홈페이지 주소] http://www.bizknow.co.kr/

[연락처] 비즈노 컨설팅 사무국 02-2263-3018

Copyright(C) http://www.bizknow.co.kr. All right reserved

## No 8. 밸런타인데이 템플릿

[Point]

※밸런타인데이와 같은 기념일은 선물을 보낼 좋은 기회입니다. 이 템플릿에서는 밸런타인데이 선물을 줄 때 활용할 수 있는 템플릿입니다.

템플릿은 다음과 같습니다.

【메일제목】
○○님, 밸런타인데이 선물입니다.

【본문】
○○님, 안녕하세요. ○○○입니다.
오늘은 2월 14일, 밸런타인데이입니다.
거리는 온통 밸런타인데이로 가득합니다.
무려 이날 하루만 해도 한국의 초콜릿의 연간 소비량 중 20%가 소비된다고 합니다.

그만큼 국민적인 행사이기 때문에 당신의 회사명·상호에서도 무언가를 기획하고 싶어서 ○○님에 대한 감사하는 마음을 담아 밸런타인데이 선물을 드리기로 했습니다.

선물 신청 페이지의 URL

○○○ (당신의 이름)

PS. 이 무료 선물을 청구하는 페이지는 내일이면 사라지기 때문에 잊지 마시고 지금 바로 확인해보시기 바랍니다.

[발행처] 비즈노 컨설팅
[홈페이지 주소] http://www.bizknow.co.kr/
[연락처] 비즈노 컨설팅 사무국 02-2263-3018
Copyright(C) http://www.bizknow.co.kr. All right reserved

## No 9. 새해 템플릿

[Point]

※새해 인사는 메일로 해도 괜찮지만, 엽서로 연하장을 보내면 고객에게 더욱 좋은 인상을 심어줄 수 있을 것입니다. 네 잎 클로버 등을 준비하여 세일즈와 연결 짓도록 합시다.

템플릿은 다음과 같습니다.

【메일제목】
○○님, 새해 복 많이 받으세요.

【본문】
○○님, ○○○입니다.
새해 복 많이 받으세요.
올해도 잘 부탁드립니다.
올해도 올해의 포부를 중심으로 최선을 다하겠습니다. 잘 부탁드립니다.

　오늘 이렇게 메일을 쓴 것은 작년 한 해 동안 ○○님에게 신세를 졌던 감사의 마음을 담아 특별한 네잎클로버를 준비했으니 꼭 받아보시기 바랍니다.

　네잎클로버 받으면 얻을 수 있는 이익을 설명한다.

　선착순 ○명 이내에 들어가신 분들에게는 무료 리포트나 CD, DVD 등을 드릴 예정이니 서둘러 확인하시기 바랍니다.

**네잎클로버 신청 페이지 URL**
올해가 ○○님에게 좋은 한 해가 될 수 있기를 바라며.
○○○ (당신의 이름)

[발행처] 비즈노 컨설팅
[홈페이지 주소] http://www.bizknow.co.kr/
[연락처] 비즈노 컨설팅 사무국 02-2263-3018
Copyright(C) http://www.bizknow.co.kr. All right reserved

## No 10. 생일 템플릿

[Point]

※고객의 생일 혹은 생일이 포함된 달에 메일이나 엽서를 보내면, 발걸음이 뜸해진 고객을 돌아오게 할 수 있습니다. 또한, 당신에 대한 호감도나 신뢰감도 생겨날 것입니다.

※"고객님을 위해 특별히 선물을 준비했다"그 말해야 할 것입니다.

템플릿은 다음과 같습니다.

【메일제목】
○○님, 생일 축하드립니다!

【본문】
○○님, 생일을 정말 축하드립니다!
당신의 회사의 이름이나 상호의 직원 모두가 마음을 담아 축하드립니다.

　이렇게 고객님의 생일을 맞아 당신의 회사의 이름이나 상호에서 '생일 한정 특별 할인'을 실시하고자 합니다. 따라서 당신의 회사의 이름이나 상호의 전 상품을 25% 할인해드릴 것입니다.

　어디에서나 볼 수 있는 흔한 생일 축하 카드를 보내는 것보다는 이렇게 하는 것을 더욱 기뻐하실 것이라고 생각한 결과, 할인을 해드리게 되었습니다.

　○○님을 위해 준비한 특별 사이트에서는 이제 막 판매를 시작한 신상품이나 다음과 같은 당신의 회사의 이름이나 상호의 인기 상품 중에서 원하시는 상품을 고르실 수 있습니다.

· 인기상품 a
· 인기상품 b
· 인기상품 c

　아래 주소를 클릭해서 ○○님을 위해 준비한 선물을 살펴보시기 바랍니다.
선물 페이지의 URL
다시 한 번, 생일을 진심으로 축하드립니다.
오늘이 고객님께 최고의 생일이 될 수 있기를 바랍니다.
　○○○ (당신의 이름)

PS. 사실은 안내 사항이 한 가지 더 있습니다.

아래의 쿠폰 코드를 입력하시면 ○○○원 상당의 '비장의 무료 생일 선물'을 받으실 수 있습니다. 아무것도 구매하지 않으신다 해도 꼭 클릭하셔서 선물을 받아가시기 바랍니다.

선물 페이지의 URL

쿠폰 코드

[발행처] 비즈노 컨설팅
[홈페이지 주소] http://www.bizknow.co.kr/
[연락처] 비즈노 컨설팅 사무국 02-2263-3018
Copyright(C) http://www.bizknow.co.kr. All right reserved

## No 11. 어버이날 템플릿

[Point]

※어버이날은 할인 행사를 함으로써 고객이 부모에게 드릴 선물을 사게 하거나, 상품을 구매한 고객을 대신해서 고객의 부모님에게 꽃을 보내는 것이 좋습니다.

템플릿은 다음과 같습니다.

【메일제목】
「어버이날」○○님의 부모님에게 꽃을 선물합시다.

[본문]
○○님, 안녕하세요.
○○○입니다.
이번 일요일은 어버이날입니다.
당신의 회사명에서는 어버이날을 맞아 할인 행사를 하려고 합니다.

할인을 신청하신 분들에게는 당신의 회사명이 고객님을 대신해서 ○○님의 부모님, 또는 배우자에게 꽃을 보내드릴 것입니다. 물론 꽃은 당신의 회사명에서 보내는 것이 아니라 고객님께서 보내는 것으로 해 드리오니 안심하셔도 좋습니다.

○○님을 키우기 위해 최선의 노력을 기울이신 어머님, 평소 자녀들을 돌보느라 고생하는 아내에 대한 감사의 마음을 담아 아래 주소에서 할인 행사에 신청하셔서 꽃을 보내시기 바랍니다.

**세일용 페이지 URL**
**당신의 이름**

PS. 어버이날 이벤트를 통해 고객님과 고객님의 소중한 사람들의 관계가 더욱 돈독해졌으면 좋겠습니다.

[발행처] 비즈노 컨설팅
[홈페이지 주소] http://www.bizknow.co.kr/
[연락처] 비즈노 컨설팅 사무국 02-2263-3018
Copyright(C) http://www.bizknow.co.kr. All right reserved

## No 12. 연말 세일 템플릿

[Point]

※연말 세일은 크리스마스와 중복되기는 하지만, 겨울 보너스가 지급되어 고객의 경제 사정이 좋을 때일 것입니다. 고객은 평소보다 돈을 더 많이 가지고 있을 것이라 생각할 수 있습니다. 그러므로 평소 실시하는 세일보다 높은 반응을 보일 것으로 기대할 수 있으니, 놓치지 말고 프로모션을 실시해서 매출을 향상시키도록 합시다.

템플릿은 다음과 같습니다.

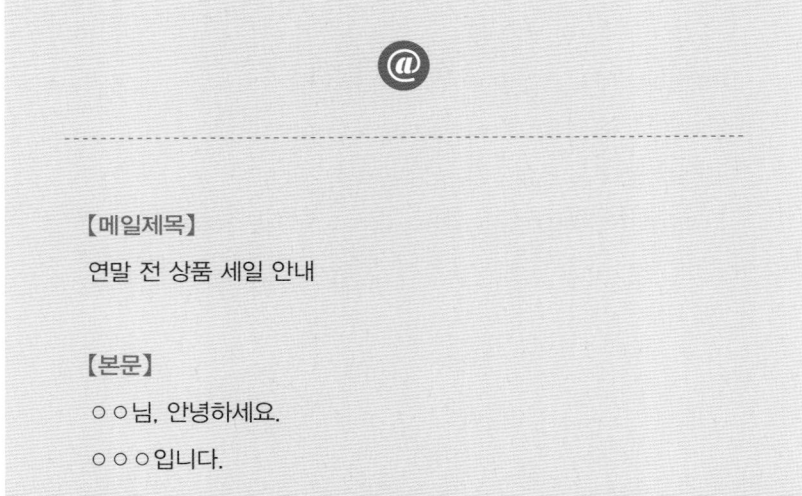

【메일제목】
연말 전 상품 세일 안내

【본문】
○○님, 안녕하세요.
○○○입니다.

올해도 이제 ○○일밖에 남지 않았네요.

○○님께서 올 한 해 동안 당신의 메일 매거진 이름을 구독해주셔서 정말 감사합니다.

○○○의 당신의 회사명은 올 한해 있었던 일들 그래서 평소 저의 메일 매거진을 애독해주시는 분들을 위해 연말 특별 세일을 진행하고자 합니다.

이 세일 행사에서는 평소 판매하고 있는 상품명을 정가에서 30% 할인된 가격으로 판매할 것입니다. 이것은 올해 반품으로 들어온 상품 중에서 미사용이었던 상품명을 다시 포장한 것입니다.

내용은 새것과 전혀 다르지 않으므로 만약 이전에 구입하는 데 망설이셨다면 이번 기회에 꼭 구입하시기 바랍니다.

세일즈 페이지의 URL

PS. 이 세일 행사는 12월 말일에 종료되므로, 잊지 말고 신청하시기 바랍니다.

PPS. 선착순 ○○명 안에 드신 분들에게는 ○○○원의 현금을 돌려 드립니다.

세일즈 페이지의 URL

[발행처] 비즈노 컨설팅

[홈페이지 주소] http://www.bizknow.co.kr/

[연락처] 비즈노 컨설팅 사무국 02-2263-3018

Copyright(C) http://www.bizknow.co.kr. Al right reserved

# EPILOGUE

비즈니스를 하는 목적은 인생을 풍요롭게 하기 위한 것이라 생각한다. 어떤 사람들은 돈을 버는 것에 목적을 두는 경우도 있겠지만, 나는 개인적으로 비즈니스는 선택할 수 있는 자유를 늘리기 위한, 인생을 보다 즐겁게 살기 위한 하나의 수단이라고 생각한다.

나 마녀의 인생 슬로건은 '일도 인생도 즐겁게'이다. 카카오톡의 상태 메시지에도 그렇게 쓰여 있고 저자 사인을 할 때도 그렇게 쓴다.

우주의 시간으로 보면 지구에서의 100년이 우주의 하루라는 개념이 있다. 우리가 어디 유원지에 하루 놀러 갔다고 해보자. 가령 미국이나 일본의 디즈니랜드에 딱 하루 입장했다면, 볼거리 먹거리 탈거리 같은 체험해보고 싶은 놀이기구가 많을 것이다.

이때 아주 무서운 체험이나 심장이 쫄깃해지는 놀이기구가 있다면 한 번 도전해보고 싶어지지 않을까? 그 놀이기구를 늘 체험할 수 있거나 언제라도 다시 타볼 수 있는 것이 아니라 단 하루만 체험할 수 있다면?

나는 이 지구라는 별에 하루 입장권을 사서 입장했다고 생각한다. 단 하루 놀러 온 거니까 신나게 즐기고 다양한 체험을 해보고 마지막 불꽃놀이까지 다 보고 나와야 하지 않을까!

그렇게 생각하면 일도 인생도 즐거울 수밖에 없다.

비즈노를 창업해서 12년 차에 들어간다. 전략과 마케팅이라는 2가지 핵심 노하우를 소개하면서 많은 시행착오를 겪었다. 노하우의 시행착오라기보다 인간관계에서의 시행착오가 있었다. 기억하기 싫은 일, 실패, 창피했던 일 등도 많았지만, 지금까지 계속할 수 있었던 이유는 함께해 준 동료가 있었기 때문이다. 역시 동료가 중요하고, 사람이 중요하다.

좋아하는 사람과 일을 해야 한다고 생각한다. 이유는, 수많은 돈을 벌고 자유로운 시간을 얻는다고 해도 파트너가 없다면 즐겁지 않다는 것을 깨달았기 때문이다. 능력이 조금 뛰어난 사람이 있어도 그 사람과 함께 비즈니스로 성공한 후에도 즐거울 수 있을까! 그렇게 생각했더니 아무리 능력이 훌륭해도 나와 잘 안 맞는 사람, 가치관이 맞지 않는 사람과는 함께 비즈니스를 하지 않는 것이 낫다고 생각하게 된다. 벌어들인 돈보다 사람과의 관계가 더 소중하다는 것을 깨달았기 때문이랄까. 나도 처음에는 그렇지 않았다. '돈만 벌면 된다, 비즈니스일 뿐이야!' 생각했었지만, 역시 비즈니스를 하는 목적은 인생을 풍요롭게 하기 위한 것이라 생각한다.

내가 가장 행복을 느끼는 순간이 언제일까?

EPILOGUE

## 나는 언제 가장 행복해하는가?

나는 좋아하는 사람들과 함께 일하고 그 사람들과 함께 좋은 결과를 만들어 나가는 그 순간이 정말 행복하다. 새로운 노하우를 배우고 적용하고 가르쳐서 성과가 나올 때 희열을 느낀다. 물론 실패할 수도 있다. 그렇지만 일하는 과정을 즐기려 한다. 좋아하는 사람들과 함께 좋아하는 일을 하는 것은 인간의 본질이 아닐까!

컨설팅을 해서 압도적으로 좋은 성과를 만들어내는 경우에는 언제나 클라이언트와의 인간관계가 즐겁고 행복할 때다.

## 지금 당신은 어떤 파트너와 함께하고 있는가?
## 함께 일하는 파트너에게 감사하고 있는가?

혹시, 아직 파트너를 만나지 못했다면 어떤 파트너와 함께하고 싶은지 마음속으로 강렬하게 그려보기 바란다. '생각의 법칙'이 작용해서 당신이 원하는 멋진 파트너를 끌어들일 테니까. 그리고 그 파트너, 동료들과 함께 성장해가는 즐거운 체험을 해보기 바란다.

나도 비즈니스를 하지 않았다면 절대 이런 식으로 생각하지 않았을지도 모르지만, 어떤 일을 하고 있는가보다 누구와 함께하고 있는가로 결과가 달라지듯이 앞으로의 비즈니스는 파트너십을 발휘할 때 더욱 큰 결과를 만들어낼 수 있다.

나 마녀는 정말 훌륭한 파트너를 만났다. 비즈노를 함께 시작한 황문진 대표님, '마케팅 진짜가 나타났다' 팟캐스트를 함께 진행하는 마케팅밖에 모르는 바보 민진홍, 바보와 인연이 되도록 소개해주신 김익수 대표님, 위기가 있을 때마다 나를 믿고 지원해준 허스토리 여성 CEO 멤버에게 감사하다.

비즈노를 선택해주시고 컨설팅을 의뢰해주는 전국의 회원님께도 감사드립니다. 지금의 마녀로 '일도 인생도 맘껏 즐겁게'를 실현할 수 있도록 이끌어주신 멘토 마크 무네요시 선생님과 이상일 대표님 감사합니다.

남해 푸른 바다가 보이는 리조트에서 '마녀'

# EPILOGUE

지금부터 이야기하는 내용은 사실 사람들에게는 별로 알리고 싶지 않은 개인적인 일이어서 이야기할지 한참을 망설였습니다.
하지만 모든 것을 솔직히 말씀드려야 여러분들과의 신뢰관계가 형성될 수 있으리라 생각했습니다.

내 나이 29살.
나는 고민 끝에 일본에 가기로 결심했다. 그러나 수중에는 100만원이 전부였다. 비행기 티켓을 끊고 나니 수중에 남은 돈은 30만원.
일본에 도착한 나는 어떻게든 학비와 생활비를 마련하기 위해 열심히 접시를 닦았다. 매일같이 장시간 일하다보니 허리에 무리가 왔다. 잠을 자다가도 온몸에 쥐가 나 비명을 지를 정도로 고통스런 생활의 연속이었다.
그러나 무엇보다 나를 힘들게 했던 것은 향수병이었다. 고향에 두고 온

가족이 생각났고 친구가 생각났다. 하지만 이를 악물었다.
'내게는 목표가 있기에 이 모든 고통을 참고 이겨내리라!'
목표를 이루고 한국으로 돌아가기 전까지는 절대 눈물을 흘리지 않으리라 다짐했다. 그렇게 2년 동안 식당, 빵집, 라면집, 공장 등에서 열심히 일을 하며 대학원에 입학할 학비를 벌었지만 턱없이 부족했다. 대학원에 떨어지면 한국으로 돌아가야 한다. 지금까지의 노력이 수포로 돌아간다. 이대로 포기할 수 없었다. 밤을 새워 더 열심히 공부했고, 결국 꿈에 그리던 대학에 당당하게 합격할 수 있었다. 나는 합격 후 대학 정문에 가서 눈물을 흘렸다.

그동안 일본에 와서 고생했던 일들이 눈앞에 주마등처럼 지나갔다.
나중에 들은 이야기지만 지도교수님께서는 나를 합격시켜야 할지 고민을 많이 하셨다고 한다. 당시 교수님은 위암 판정을 받은 상태여서 졸업 때까지 나를 지도할 자신이 없으셨다고 한다. 암 투병 중이셨던 교수님의 열정적인 지도를 바탕으로 2년 동안 열심히 공부하고 연구한 덕분에 졸업식에서 대표로 수료증을 받기도 했다.

대학원을 졸업할 즈음 나에게는 또 다른 목표가 생겼다. 일본 광고회사에서 프로들과 함께 일해보는 것이었다. 당시에는 한국 학생이 일본 광고회사에 취업하는 것은 하늘의 별따기와 같이 어려운 시절이었다. 다행히 교수님의 추천으로 나는 그토록 희망하던 광고회사에 입사했다.

기쁨도 잠시, 갑자기 두려움이 엄습해 왔다. 자칫 나 한 사람으로 인해 대한민국의 이미지를 실추시킬 수도 있었다.

'타협은 없다.'
미치지 않고서는 절대 생존할 수 없는 것이 광고계의 특징이다. 어떻게든 살아남아야 했다. 그렇게 나는 마케팅과 디자인의 프로가 되어 가고 있었다.

안녕하세요.
마케팅 밖에 모르는 바보 민진홍입니다. 저는 한국으로 돌아와 전국의 수많은 경영자, 전문가들의 마케팅을 컨설팅하면서 단기간에 성과를 만들어내기도 했습니다.

정말 좋은 아이템을 가지고도 마케팅을 몰라서 고민하는 사업가들에게 도움을 주면서 매출이 오르고 기업이 활성화되는 것을 보면서 큰 보람을 느끼고 있습니다.
제가 지금 이 자리에 설 수 있는 것도 많은 분들의 격려와 성원 덕분이라고 생각합니다.

사랑하는 아내와 딸, 부모님과 가족 그리고 비즈노 황문진 대표, 팟캐스트를 함께 진행하는 '마케팅에 미친 여자' 마녀 조기선 이사에게 진심으로 감사하다는 말씀을 드리고 싶습니다.

비즈노 사무실에서 '바보'

※지금 바로 QR 코드를 스캔하시면 최신 SNS 노하우를 무료로 받아보실 수 있습니다.

## 【 특별선물 】
# SNS 노하우 무료공개
### 24시간, 완전 자동으로 고객을 모집하는 SNS의 비밀

YouTube　Facebook　Instagram　Blog

## 【 신청방법 】
QR코드를 스캔하시기 바랍니다.

# 마케팅 진짜가 나타났다

**초판 1쇄** 2017년 10월 10일

**지은이** 조기선, 민진홍
**펴낸이** 전호림
**기획·제작** ㈜두드림미디어
**책임편집** 최윤경
**마케팅** 황기철 김혜원 정혜윤

**펴낸곳** 매경출판㈜
**등록** 2003년 4월 24일(No. 2-3759)
**주소** (04557) 서울시 중구 충무로 2(필동1가) 매일경제 별관 2층 매경출판㈜
**홈페이지** www.mkbook.co.kr **페이스북** facebook.com/maekyung1
**전화** 02)333-3577(내용 문의 및 상담) 02)2000-2645(마케팅)
**팩스** 02)2000-2609 **이메일** dodreamedia@naver.com
**인쇄·제본** ㈜M-print 031)8071-0961
**ISBN** 979-11-5542-726-2(03320)

책값은 뒤표지에 있습니다.
파본은 구입하신 서점에서 교환해드립니다.

이 도서의 국립중앙도서관 출판예정도서목록(CIP)은 서지정보유통지원시스템 홈페이지(http://seoji.nl.go.kr)와
국가자료공동목록시스템(http://www.nl.go.kr/kolisnet)에서 이용하실 수 있습니다.
(CIP제어번호: CIP2017024531)